本书获云南师范大学图书出版资助

# 基于目标导向
# 对策规划（ZOPP）的
## TOT项目集成融资模式研究

王　晖◎著

中国财经出版传媒集团
经济科学出版社
Economic Science Press

**图书在版编目（CIP）数据**

基于目标导向对策规划（ZOPP）的 TOT 项目集成融资
模式研究/王晖著. —北京：经济科学出版社，
2022.4
ISBN 978 – 7 – 5218 – 3411 – 6

Ⅰ.①基… Ⅱ.①王… Ⅲ.①基础设施建设 – 项目 –
融资模式 – 研究 – 中国 Ⅳ.①F299.24

中国版本图书馆 CIP 数据核字（2022）第 022035 号

责任编辑：程辛宁
责任校对：易 超
责任印制：张佳裕

**基于目标导向对策规划（ZOPP）的 TOT 项目集成融资模式研究**
王 晖 著
经济科学出版社出版、发行 新华书店经销
社址：北京市海淀区阜成路甲 28 号 邮编：100142
总编部电话：010 – 88191217 发行部电话：010 – 88191522
网址：www. esp. com. cn
电子邮箱：esp@ esp. com. cn
天猫网店：经济科学出版社旗舰店
网址：http：//jjkxcbs. tmall. com
北京季蜂印刷有限公司印装
710 × 1000 16 开 12.25 印张 200000 字
2022 年 4 月第 1 版 2022 年 4 月第 1 次印刷
ISBN 978 – 7 – 5218 – 3411 – 6 定价：78.00 元
（图书出现印装问题，本社负责调换。电话：010 – 88191510）
（版权所有 侵权必究 打击盗版 举报热线：010 – 88191661
QQ：2242791300 营销中心电话：010 – 88191537
电子邮箱：dbts@ esp. com. cn）

# 前　言

　　基础设施建设与人民生活水平的提高直接相关，是经济社会可持续发展的重要保证，是城市生存和发展的基础。目前，我国各类交通建设完成情况距规划目标仍有较大差距。但据资料显示，我国基础设施在 2018 年的投资增速呈现明显下滑趋势，一些领域和项目存在较大投资缺口。如果基础设施建设投资完全依赖于政府支出，需求将无法得到满足。而我国存量基础设施规模巨大，2019 年的存量规模超过了 100 万亿元。如果能盘活其中的 10%，将可以为政府释放出 10 万亿元资金，弥补建设资金不足的问题。随着法律法规的逐渐完善，示范项目发挥着积极引导作用，近几年公私合作模式（也称政府和社会资本合作模式）在我国得到极大推广。积极运用公私合作项目融资模式解决城市基础设施领域资金来源和资金使用效率问题，既是基础设施自身发展的需要，同时也符合国家相关政策的鼓励方向。其中，TOT 模式，即"移交（transfer）-经营（operate）-移交

(transfer)"，是私营机构、非公共机构、外资等社会投资者参加公共基础设施经营、发展的新型模式，该模式下政府只对已建成基础设施项目经营权进行转让，不涉及所有权，降低了国有资产流失的风险，将 TOT 模式运用于公共基础设施建设，能有效盘活已有存量资产。然而，现有 TOT 模式运用于我国基础设施项目时碰到了许多实际问题，例如：目标的错位、利益相关者之间的合作不足、不能实时监控项目风险、合约的不完全性导致合同风险发生频率比较高等，使很多项目陷入停滞，甚至失败。因此，基于现有 TOT 模式抗风险能力的不足，本书在研究中从动态风险管控视角提出 TOT 项目集成融资模式并进行深入剖析。

本书的研究框架为：

第 1 章，绪论。通过对近年来我国所颁布的关于公私合作模式相关政策法规进行梳理，对我国基础设施发展现状进行详细分析，总结出研究背景，提出研究问题，明确研究意义及价值；结合研究背景提出研究的内容，提炼创新点；简要介绍研究中拟采用的研究方法及研究技术路线。

第 2 章，理论研究基础与文献综述。TOT 项目集成融资模式的提出是以 TOT 模式、狭义 PPP 模式、综合集成理论、ZOPP 方法、项目区分理论作为重要理论基础，通过深入的理论研究，有助于阐明该模式的基本原理。TOT 项目集成融资模式是单一 TOT 模式的延伸，ZOPP 是贯穿集成融资模式运行机制的重要纽带，因此，本书重点对"TOT 模式""集成融资模式""ZOPP 方法"的国内外文献进行深入的研究并总结。

第 3 章，TOT 项目集成融资模式理论框架研究。在这一部分将清晰界定 TOT 项目集成融资模式内涵，并用框架图展示该内涵的核心思想、基本原理；梳理该集成融资模式运行机制及其集成机理，通过与单一 TOT 模式进行对比，突出集成融资模式的特点及优越性；最后提出集成融资模式成功实施需要具备的重要支撑条件。

第 4 章，TOT 项目集成融资模式要素集成的三维模型研究。以霍尔三维模型为理论依据，将集成融资模式运行机制所涉及的要素划分为三个维度，即时间维、空间维、逻辑维，并构建三维模型；通过对各维度内要素的集成分析、两两维度集成分析及三维度综合集成分析，明确项目集成管理的必然性，从定性的角度剖析基础设施项目采用集成融资模式后实现集成管理的内在原理。

第 5 章，基于 ZOPP 的项目核心风险因素识别与应对研究。以 ZOPP 分析步骤为依据，探索集成融资模式实施过程中关键影响因素，以便于准确认识项目风险因素、制定解决措施，为政府部门与社会资本方合作中的"再谈判"提供参考，使合作各方目标更加统一，项目绩效得到持续改善。

第 6 章，集成融资模式风险边界识别与控制的博弈研究。首先将项目风险边界识别与控制涉及的要素作为集成融资模式三维模型的亚模型提出，分析其博弈特征，并构建基于风险偏好的风险分担模型，界定政府与社会资本方各自应该独立承担的风险类别，通过求解讨价还价博弈模型明确政府与社会资本方风险分担比例，得出科学结论。

第 7 章，结论与展望。对本书的研究内容进行总结，提出研究中存在的一些问题及进一步研究的方向。

希望本书的研究有利于推动公私合作项目的顺利实施，使我国公共基础设施建设步伐加快，社会公众的生活水平得到提高。

# 目　录

# 第 1 章

# 绪　　论

## 1.1　研究背景

### 1.1.1　盘活存量基础设施的需要层面

　　一方面，我国存量基础设施规模较大，沉淀了巨额的资金。基础设施直接关系经济发展速度和人民生活水平的提高，是经济与社会持续发展的重要保障，也是城市生存和发展的基础。早在1989年，经济学家阿绍尔（Aschauer）就注意到，基础设施在促进经济增长方面发挥着巨大作用。世界银行专家格英拉姆（Gingram）指出，基础设施能力的增长速度与经济产出的增长速度相同，基础设施总量每增长1%，国内生产总值就增长1%，甚至更多。因此，在城市的发展过程中，国家不断地进行着城市建设工作，在此期间基础设施得到了大力发展，积累起了数量庞大的存量资产，例如，城市中到处分布着的道路、桥梁、公交、废品回收系统和垃圾处理设施等。以近年来全民所有制组织每年新增生产性投资数额与资产存量总额为依据进行粗略的测算，资产增量与存量的比大约为1:8，据推算，我国 1953 年基础设施的存量资产约为 202 亿元，1978 年上升到 1113 亿元，2008 年上升到了 40590 亿元，2019 年基础设施存量规模则超过 100 万亿元，几乎是 1953 年资产存量水平的 4950 倍（胡李鹏等，2016）。在很长一段时间里，高度集中的政府投资管理体制被我国的基础设施部门所采取，因此，所有基础设施项目的全部投资几乎都由政府包揽。传统的城市基础设施投融资模式主要有财政投资、国内外贷款、证券市场融资等几种。基础产业和基础设施在 1998~2002 年的五年间，投资总额为 73380 亿元，在 2003~2007 年的投资总额为 182703 亿元，至 2017 年末，中国城镇基础设施累计投资额达到 113.68 万亿元（李献国，2017），而这些基础产业和基础设施项目建设的资金渠道是不相同的，其中教育、文化、卫生、体育、环境、水利等项目的建设资金通常依靠财政投入，煤炭、石油、电力产业所需建设资金通常来自国有垄断企业的自身投入，交通运输业投资需求比较大，其建设资金的来源很大程度上依赖于银行贷款。面对如此巨大的资金投入，仅靠城市的财政支出是不行的。建设资金短缺已经成为制约我国城市基础设施建设的瓶颈。存量基础设施沉淀了巨额的资金，如果能对其进行盘活与运作，将可以使资金形成良性循环，有效改善资金效益。

另一方面，我国存量基础设施运营效率不高，无法满足需求。我国的公共基础设施很大一部分都是以国有化模式完成的，政府承担着这些项目的投资、建设以及运营。可以说，这样的公共基础设施是公益性的、行政垄断性的公营事业。公营事业性质使得公共基础设施在运行过程中总体效率不高。这些存量基础设施存在着经济效益差、管理效率低、资金占用时间长、占用数额大等问题，影响了当前我国整体基础设施的建设进度和社会经济的快速发展。从表面上看，公共基础设施的供给不能满足社会经济发展及人们生活水平提高的需求，然而长期积累所形成的巨额亏损又导致财政负担沉重，要维持现有的供给能力都已经非常困难，根本不可能再为进一步扩大基础设施供给能力而进行大规模投资。从更深层次来看，随着我国居民收入状况的改善，人们对公共基础设施所提供服务的质量提出了更高的要求，基础设施的建设和运营应该遵循商业规律的约束，实现以最低的成本为社会提供最好的产品和服务。同时，资源稀缺性的特点也要求基础设施必须提高运行效率，促进社会经济的可持续发展。如何让存量基础设施在城市发展过程中发挥更好的效益，已越来越受到各方的重视。

因此，盘活存量基础设施，实现资金良性循环；提高存量基础设施运营效率，满足社会需求，要求不断加强公私合作模式的推广。

## 1.1.2 政策支持层面

在中共十八届三中全会上，中央强调在经济体制改革中要重视并推进投融资体制改革，允许社会资本通过特许经营等方式参与城市基础设施投资和运营；2014 年 9 月 23 日财政部发布《关于推广运用政府和社会资本合作模式有关问题的通知》，极大地促进了公私合作模式的运用与推广。为了公私合作的融资模式更加规范与完善、更加理性与成熟，我国相继出台了各类文件，本书将其整理汇总如表 1.1 至表 1.3 所示。

表 1.1　　　　　规范操作流程、规范政府举债行为政策梳理

| 时间 | 出台部门 | 政策名称 | 政策意义 |
|---|---|---|---|
| 2014 年 12 月 2 日 | 国家发展改革委 | 《关于开展政府和社会资本合作的指导意见》 | 对项目识别、准备、采购、执行、移交各环节操作流程的规范，项目合同的起草、谈判、履行、变更、解除、转让、终止直至失效的全过程管理，对政府和社会资本各自的职责等都进行了说明与要求，在公私合作模式的推广过程中发挥着指导与规范的作用 |
| 2015 年 12 月 8 日 | 财政部 | 《关于实施政府和社会资本合作项目以奖代补政策的通知》 |  |
| 2015 年 12 月 18 日 | 财政部 | 《政府和社会资本合作物有所值评价指引（试行）》 |  |
| 2016 年 5 月 28 日 | 国家发展改革委、财政部 | 《关于进一步共同做好政府和社会资本合作有关工作的通知》 |  |
| 2016 年 8 月 10 日 | 国家发展改革委 | 《关于切实做好传统基础设施领域政府和社会资本合作有关工作的通知》 |  |

续表

| 时间 | 出台部门 | 政策名称 | 政策意义 |
|---|---|---|---|
| 2016 年 10 月 11 日 | 财政部 | 《关于在公共服务领域深入推进政府和社会资本合作工作的通知》 | 对项目识别、准备、采购、执行、移交各环节操作流程的规范，项目合同的起草、谈判、履行、变更、解除、转让、终止直至失效的全过程管理，对政府和社会资本各自的职责等都进行了说明与要求，在公私合作模式的推广过程中发挥着指导与规范的作用 |
| 2017 年 3 月 20 日 | 国务院办公厅 | 《关于印发国务院 2017 年立法工作计划的通知》 | |
| 2017 年 4 月 26 日 | 财政部、国家发展改革委、司法部、中国人民银行、中国银监会、中国证监会 | 《关于进一步规范地方政府举债融资行为的通知》 | |
| 2017 年 5 月 28 日 | 财政部 | 《关于坚决制止地方以政府购买服务名义违法违规融资的通知》 | |
| 2017 年 7 月 21 日 | 国务院法制办、国家发展改革委、财政部 | 《基础设施和公共服务领域政府和社会资本合作条例（征求意见稿）》 | |
| 2017 年 11 月 10 日 | 财政部办公厅 | 《关于规范政府和社会资本合作综合信息平台项目库管理的通知》 | |
| 2017 年 11 月 17 日 | 国务院国有资产监督管理委员会 | 《关于加强中央企业 PPP 业务风险管控的通知》 | |
| 2017 年 11 月 20 日 | 工信部、国家发展改革委、科技部、财政部等十六个部门 | 《关于发挥民间投资作用推进实施制造强国战略的指导意见》 | |
| 2019 年 3 月 7 日 | 财政部 | 《关于推进政府和社会资本合作规范发展的实施意见》 | |

资料来源：笔者依据政府颁布的政策文件整理。

**表 1. 2**　　　　　　　　　　**推进项目融资方面的政策梳理**

| 时间 | 出台部门 | 政策名称 | 政策意义 |
|---|---|---|---|
| 2015 年 3 月 17 日 | 国家发展改革委、国家开发银行 | 《关于推进开发性金融支持政府和社会资本合作有关工作的通知》 | 为公私合作模式的发展创造良好的融资条件，为项目融资提供政策保障 |
| 2016 年 12 月 21 日 | 国家发展改革委、中国证监会 | 《关于推进传统基础设施领域政府和社会资本合作项目资产证券化相关工作的通知》 | |

续表

| 时间 | 出台部门 | 政策名称 | 政策意义 |
|---|---|---|---|
| 2017 年 4 月 25 日 | 国家发展改革委 | 《政府和社会资本合作项目专项债券发行指引》 | 为公私合作模式的发展创造良好的融资条件，为项目融资提供政策保障 |
| 2017 年 5 月 4 日 | 中国保监会 | 《关于保险资金投资政府和社会资本合作项目有关事项的通知》 | |
| 2017 年 6 月 7 日 | 财政部、中国人民银行、中国证监会 | 《关于规范开展政府和社会资本合作项目资产证券化有关事宜的通知》 | |
| 2017 年 10 月 19 日 | 上海证券交易所、深圳证券交易所、机构间私募产品报价与服务系统 | 《政府和社会资本合作项目资产支持证券挂牌条件确认指南和信息披露指南》 | |

资料来源：笔者依据政府颁布的政策文件整理。

表 1.3 　　　　　鼓励公私合作盘活存量基础设施方面的政策梳理

| 时间 | 出台部门 | 政策名称 | 政策意义 |
|---|---|---|---|
| 2017 年 3 月 7 日 | 国务院办公厅 | 《关于进一步激发社会领域投资活力的意见》 | 提到鼓励民营企业运用公私合作模式盘活存量资产，实现投资良性循环 |
| 2017 年 7 月 3 日 | 国家发展改革委 | 《关于加快运用政府和社会资本合作模式盘活基础设施存量资产有关工作的通知》 | |
| 2017 年 9 月 1 日 | 国务院办公厅 | 《关于进一步激发民间有效投资活力促进经济持续健康发展的指导意见》 | |
| 2017 年 11 月 17 日 | 国务院国有资产监督管理委员会 | 《关于加强中央企业公私合作业务风险管控的通知》 | |
| 2017 年 11 月 28 日 | 国家发展改革委 | 《关于鼓励民间资本参与政府和社会资本合作项目的指导意见》 | |

资料来源：笔者依据政府颁布的政策文件整理。

通过对我国近年来所发布的各项政策进行梳理，可以看出：第一，从政府和社会资本合作模式的提出至今，我国始终非常重视公私合作项目运行中的规范与指导，能够根据不同时期、不同社会经济环境、公私合作模式发展的不同阶段，针对性地制定相关政策，给予项目参与者、管理者以约束、规范和有效指导，促进公私合作模式的运用逐渐趋于理智、成熟、稳定，这都为本书的研究、实践创造了良好的政策环境，提供充分的政策保障。第二，推进项目融资方面的政策文件为公私合作模式的发展创造良好条件。第三，从 2017 年开始，政策中开始重视对我国存量资产的盘活，然而专门针对盘活存量资产的文件不多，更多的只是在内容中提到，这意味着，作为研究方向，如何运用恰当的公私合作模式盘活存量资产具有必要性和重要意义。第四，政策越来越重视公私合作项目中的风险管控，而本书的研究目的就是解决当前 TOT 模式所存在的环境适应性及抗风险能力不足的问题，与政策导向相吻合。

## 1.1.3　TOT 模式理论完善层面

根据全国政府与社会资本合作综合信息平台及项目管理库数据，截止到2021 年上半年，中国 PPP 项目累计落地率约为 73.3%，这意味着，在所有入库的公私合作项目中，有 26.7% 的项目无法完成采购、不能够顺利执行和移交。即使是这 73.3% 的落地项目，在执行过程中也还存在许多不确定性因素，最终或许不能实现预期目标，以失败告终。公私合作项目由于其复杂性、长期性、不确定性使项目本身存在巨大风险。单一 TOT 模式适用范围受限，运行程序缺乏弹性，并且与利益相关方目标多样性、项目合同不完全性之间存在矛盾，使融资模式抗风险能力较弱。例如，在 TOT 模式下，政府将基础设施项目的经营权在特定的时期内转让给社会投资者，由社会投资者进行经营，政府不能直接参与其中，使政府失去对项目的控制权，这可能导致特许经营期内基础设施项目的公益性无法保障，社会公众的利益受损；项目运营商不参与前期的项目建设，无法对项目的技术标准、功能设计、质量水平等提出自己的想法，这将会对以后的运营产生不利影响；TOT 项目公司各参与方的专业不同、投资目的不同、关注的重点不同等，当各自的权力与责任界定不够清晰，风险分配不够科学合理，将会使他们产生纠纷，会阻碍项目的实施，甚至导致项目失败。本书提出 TOT 项目集成融资模式，以期弥补单一

TOT 模式缺乏灵活性与环境适应性的问题。

# 1.2　问题的提出

## 1.2.1　现实问题提出

基础设施项目本身规模大、历时较长，存在着许多不确定性因素，实施过程中随时面临风险。学者亓霞、柯永建、王守清（2009）就在其研究中结合实际案例对我国 PPP 项目主要风险因素进行分析，并提出对策措施。本书在研究过程中通过查阅文献资料及新闻网站的公开信息，从项目个数和投资额均在全国公私合作项目中居前两位的交通运输领域和重大市政工程领域选取了高速公路、桥梁、隧道、供水、电厂等 17 个失败的案例进行分析，梳理这些项目不同生命周期阶段出现的问题、问题所属风险类别以及最终的结果，具体如表 1.4 所示。

表 1.4　　　　　　　　17 个公私合作项目的基本情况

| 项目 | 阶段 | | | 风险类别 | 结果 |
|---|---|---|---|---|---|
| | 启动 | 规划 | 执行 | | |
| 江苏某污水处理厂 | 谈判延误、融资失败 | | | 融资风险 | 合作终止 |
| 长春某污水处理项目 | 风险分担不合理 | | 政策变更 | 合同风险，政策风险 | 政府回购 |
| 上海某水厂 | 审批延误，盲目承诺 | | 投资回报不合理 | 法律变更风险，合同风险 | |
| 北京某水厂 | 审批延误，外资撤出 | | 用水需求下降，政策不稳定 | 政策风险，市场风险 | 外资撤出，合作终止 |
| 天津某垃圾焚烧发电厂 | 政府承诺缺乏明确定义 | | 市场运营困难，环境污染 | 政府信用，市场风险，合同风险 | 未实现预期收益 |

续表

| 项目 | 阶段 | | | 风险类别 | 结果 |
| --- | --- | --- | --- | --- | --- |
| | 启动 | 规划 | 执行 | | |
| 青岛某污水处理项目 | 合同签订有失公允，合同条款不明确 | | | 政治决策失误，政府信用，合同风险 | 未实现预期收益和社会公众利益 |
| 杭州湾跨海大桥 | 预期收益不准确，盲目承诺 | 规划与合同冲突 | 出现竞争性项目，垄断经营被打破 | 项目唯一性，市场需求变化，合同风险 | 未实现预期收益 |
| 山东某发电项目 | 盲目承诺 | | 电力体制改革、收费变更 | 政府信用，市场需求变化，合同风险 | 未实现预期收益 |
| 廉江某供水厂 | 合同条款脱离实际，订立合同过程不符合程序 | | | 政治决策失误，政府信用，合同风险 | 未实现预期收益，合同难履行 |
| 福建泉州刺桐大桥 | 缺少排他性的制度安排和利益争端解决机制 | | 存在竞争性项目 | 市场风险，项目唯一性，法律风险 | 未实现预期收益 |
| 延安东路隧道 | | | 税收政策影响投资回报，风险分担不合理 | 法律风险，合同风险 | 政府回购 |
| 沈阳某水厂 | | | 合同变更 | 政府信用，合同风险 | 未实现预期收益 |
| 鑫远闽江四桥 | 盲目承诺 | | 市场需求变化 | 政府信用，项目唯一性，市场风险 | 未实现预期收益 |
| 湖南某电厂 | 没能在规定期限内完成融资任务，投标保函被没收 | | | 不可抗力风险，融资风险 | 招标阶段取消特许经营项目 |
| 南京长江隧道 | | | 政府提前收回 | 政府信用 | 政府回购 |
| 沪青平高速 | | | 投资方违约 | 合同风险 | 政府回购 |
| 兰州威立雅水务 | | | 水污染，设备缺乏维护保养 | 合同风险，运营维护风险 | |

资料来源：笔者依据现有文献资料及网络公开信息整理。

**通过对表1.4中多个案例进行分析得出如下结论：**

第一，缺乏全寿命周期的动态风险管理。表 1.4 中，项目不同生命周期阶段出现的问题不同，但这些问题又有内在联系，例如，在启动阶段政府的盲目承诺，导致执行阶段项目价格变更、市场需求变化、收益无法保障；启动阶段合同条款规定不明确，导致投资方违约等。由于项目风险具有不确定性，风险的程度有多大，风险何时何地有可能变为现实均是无法肯定的；项目风险还具有可变性，在一定条件下，风险性质、风险量会发生变化，新的风险会产生。表 1.4 中案例因为没有随着项目生命周期的变化进行动态的风险管理，使项目环境适应性及抗风险能力差。

第二，项目利益相关方目标缺乏统一。政府部门与社会资本方合作目标存在较大差异，政府部门希望缓解资金压力、提升管理效率、提高公共服务质量；社会资本方则希望从中获得长期稳定的收益。可见，项目各参与方的专业不同、投资目的不同、关注的重点不同，各参与方的目标都是实现自己的利益最大化，往往会忽视甚至损害基础设施项目的整体利益。

第三，合同风险发生的频率比较高。这些案例中 17 个项目就有 11 个出现合同风险。在上述案例中问题主要有：合同签订有失公允、订立合同过程不符合程序、合同条款不明确、合同条款脱离实际、预期收益不准确、盲目承诺、政府承诺缺乏明确定义、风险分担不合理等。产生这些问题的主要原因是，在项目初期签订特许权协议时合作双方不可能掌握项目有关的所有信息，不可能把所有风险因素都分析全面；而且合作双方是有限理性的，在合作谈判时存在机会主义行为，政府为了促成合作而在谈判中盲目承诺，社会资本方为了能中标而选择低价竞标，这些行为使项目合同从一开始就不合理、存在隐患。而目前的特许权协议总体上是缺乏弹性的，履约过程中如果出现了协议约定以外的风险，双方无法调和，项目将面临失败。

因此，对项目不同生命周期阶段风险事件的有效处理、改善项目合约缺乏弹性的现状、增强项目利益相关方目标的协调统一性是本书要研究的现实问题。

## 1.2.2　科学问题凝练

对缺乏全寿命周期风险管理、利益相关方目标不统一、项目合同风险发生频率高的现实问题做进一步思考，会发现这些问题产生的根本原因其实是项目缺乏集成管理、缺乏对合约不完全性问题的补偿机制。只在项目启动、规划阶段进行风险识别与风险分配、不重视风险因素在不同项目阶段的表现，是缺乏对项目风险管理与项目生命周期的集成；利益相关者目标的不统一，是缺乏对利益相关者之间责、权、利及风险分担的集成、缺乏对利益相关者与项目生命周期的集成、缺乏参与者目标与项目目标的集成。项目特许权协议本身就是不完全合约（因存在漏洞或者合同条款不能被第三方证实导致无法完全执行的合同），缺乏有效补偿机制必然导致风险频发。

当基础设施项目收益稳定并能达到预期、项目合同条款完备、项目内外部环境稳定、利益相关方各自履行承诺等条件具备的情况下，目前的单一TOT 模式也能顺利实施，达到目标。但是，通过对上述失败案例的分析，发现在实践中并不是每一个项目都能满足所有理想条件，如果不加以干预让项目就此以失败告终，不论对政府、社会投资方还是项目用户都将是巨大损失。因此，以解决项目风险变化、项目合约不完全性、利益相关方目标不统一等问题为目的，针对利益相关方风险约定不明确且缺乏事后支持制度的情况，本书从风险动态管理的角度，凝练出基于 ZOPP 的 TOT 项目集成融资模式研究这一科学问题。

集成融资模式的运行可以实现政府与社会资本方签订特许权协议后，当内外环境变化及风险因素作用使得项目运行出现困难时，在保持当前 TOT 融资模式的前提下，对项目合同中的回报机制、特许经营权期限、风险分担等条款进行再谈判；或者当 TOT 模式无法继续实施时，对合作模式转换等问题进行谈判，从而弥补初始项目合同中存在的漏洞，促进项目的顺利运行，实现项目利益相关方的共赢。

## 1.2.3  关键问题解构

本书从风险动态管理的视角提出基于目标导向对策规划（ZOPP）的 TOT 项目集成融资模式。首先，要对 TOT 项目集成融资模式这一概念进行界定，设计其运行机制；其次，要分析其集成的基本原理；再其次，要对集成融资模式运行中存在的风险因素进行识别与评估，科学、准确的结论是再谈判的依据；最后，不是所有风险因素都会导致融资模式转变，只有超出风险边界的因素才涉及模式变更，因此，需要对风险边界进行识别并采取措施应对。于是，研究的科学问题可以解构为以下关键问题。

### 1.2.3.1　构建 TOT 项目集成融资模式理论框架

本书提出一个新概念：首先，需要对其内涵进行阐述，并通过构建框架模型将抽象概念转化为具体图形，有助于形象认知；其次，需要对其运作流程进行设计，了解如何操作，并对其内在原理形成初步认识；最后，一种融资模式总要用于实践之中，所以需要阐明运用该模式应具备的重要条件。

### 1.2.3.2　运用霍尔三维模型分析集成的基本原理

本书借助霍尔三维模型对 TOT 项目集成融资模式进行分析，将集成融资模式各要素划分为三个维度，并构建三维模型，通过对各维度要素集成分析、两两维度要素集成分析、三维度综合集成分析，清晰认识 TOT 项目集成融资模式要素集成的内在原理、模式运作理念以及实践意义。

### 1.2.3.3　集成融资模式下项目风险因素识别与评估

风险识别与评估是集成管理的重要线索。一方面，集成融资模式的提出就是为了更有效地应对项目风险，实现项目目标，因此，找到阻碍项目目标实现的关键因素在集成管理中至关重要；另一方面，项目本身就是为解决问题而存在，当项目存在问题时，通过各要素集成使问题得以解决。最后，问题的性质决定了项目应采用的融资模式类别，是融资模式变更的重要依据。本书以 ZOPP 作为问题分析路径，综合运用故障树法、层次分析法等多种研究方法进行风险识别与评估，不仅可以找到项目存在的现实风险及潜在风险，而且通过对问题间逻辑关系的梳理找到最核心的问题，提高风险管控效率。

### 1.2.3.4　政府与社会资本方博弈中的风险边界识别

基于 ZOPP 的分析路径能够识别出项目核心风险因素，但不是对所有的核心风险因素政府和社会资本方都要进行再谈判，都需要转变融资模式，只有当这些因素超出原有风险边界，使项目合同原有的平衡状态被打破，集成融资模式才需要再谈判进行风险的重新分配，使项目合同恢复平衡。不论是初次谈判还是再谈判，政府与社会资本方都在为彼此应分担的风险份额进行博弈，博弈的结果是合作的基础，也是在该合作模式下的风险边界。因此，政府与社会资本方在不同的博弈过程中会产生不同风险边界。研究中将运用不完全信息动态博弈模型分析政府与社会资本方之间的合作实质，及其所形成的风险边界。

## 1.3　研究的创新点

本书以"TOT 项目集成融资模式"为研究对象，从动态视角研究项目融资模式问题，为融资模式集成的研究提供了可借鉴的思路与工具。主要的研究创新有以下几个方面：

第一，提出"TOT 项目集成融资模式"，将 TOT 模式与狭义 PPP 模式进行综合集成，是对现有单一 TOT 模式理论的延伸与创新。本书在综合集成理论、项目区分理论、TOT 模式、PPP 模式等理论研究基础上，通过对公私合作基础设施项目失败教训的总结，对单一 TOT 模式实践问题进行剖析，提出"TOT 项目集成融资模式"，清晰界定该模式内涵，并构建其逻辑框架和运行机制。"TOT 项目集成融资模式"实现了对项目风险、利益相关者、项目生命周期三个方面的集成管理，是对项目融资理论的完善。

第二，集成融资模式运行机制注重项目绩效评价、设计有项目利益相关方"再谈判"环节，解决了特许权协议不完全性的问题。单一 TOT 模式运作程序是单向执行的，没有循环，缺乏"再谈判"环节。所以项目实施中出现问题只能依靠合同的约定来解决，而合同的不完全性使许多问题无据可依，事后补偿制度的缺乏常常导致项目被迫终止。因此，本书对 TOT 项目集成融资模式运行机制（详见第 3 章第 3.3.1 节）进行了改进：运用 ZOPP 作为识别项目关键影响因素的路径，识别出的核心问题是触发政府部门与社会资本方"再谈判"的依据，可以称其为"再谈判触发事件"；融资模式的转换正好可以解决由再谈判所引起的责、权、利变更，可以将这种模式变换称为

"再谈判调解措施"或是"风险补偿措施"。再谈判触发事件分析路径与再谈判调解措施的提出使再谈判的执行有了程序与制度保障。同时，"再谈判"程序的存在使得政府与社会资本方可以针对项目实际情况动态调整各自的责、权、利及风险分担份额，避免了机会主义行为，能有效解决特许权协议不完全性的问题，是对实践问题的突破。

第三，方法运用的创新。本书的研究通过对政府部门与社会资本方合作过程中的"初次谈判"与"再谈判"分别构建博弈模型并求解（详见第 6 章第 6.4 节），界定不同阶段的风险边界，定量化地揭示了 TOT 项目集成融资模式多维要素集成的内在机理，并突显出集成融资模式运行机制全寿命周期风险动态管理原理及其科学意义。除此以外，本书运用到霍尔三维模型，尽管已有学者进行过类似研究，但本书在研究过程中依据统计学的多因素指数分析法，运用函数关系（详见第 4 章第 4.2 节）将霍尔三维模型要素的构成、要素之间的相互影响关系清晰呈现出来，并推演出项目多维度要素集成的效果与意义，是霍尔三维模型现有研究的有益补充。

# 1.4  研究方法及技术路线

## 1.4.1  研究方法

### 1.4.1.1  文献研究法

对网络公开信息及资料进行收集和研究，查阅相关专著及公开发表的学术论文，进行知识的梳理及观点的归纳总结，形成对研究问题的科学认识。

### 1.4.1.2  层次分析法

作为一种简洁而又实用的决策方法，层次分析法（AHP）在书中多次被用到，通过构造递阶层次结构、判断层次间各要素相对重要性、列出判断矩阵、求要素重要性、检验一致性、进行层次总排序等步骤为书中选出核心问题以及确定指标权重。

### 1.4.1.3 博弈论

博弈论是研究决策主体的行为发生直接相互作用时候的决策以及这种决策的均衡问题，可以分为合作博弈和非合作博弈。书中研究集成融资模式，其本质就是探讨政府与社会资本方为达成一个具有约束力的协议而相互作用的行为，属于合作博弈问题。因此，书中运用博弈的方法对集成融资模式进行定量研究。

### 1.4.1.4 多因素指数分析法

多因素指数分析法是利用统计指数体系分析现象总变动中各个因素影响程度的一种统计分析方法。该方法首先确定要研究的总量指标以及对其产生影响的多个因素，并明确这些因素之间的逻辑关系；然后将总量指标表示为多个因素指标的连乘积；接着建立指数体系；最后依据统计资料逐个分析每个因素的变动对总量指标变动的影响。书中在研究集成融资模式霍尔三维模型时使用多因素指数分析法，是为了更加清晰地反映出影响项目目标实现的变量之间、变量与目标之间所固有的内在联系。

### 1.4.1.5 案例研究法

书中选择 WK 高速公路作为研究对象，系统收集该案例数据资料，用于对书中所提出的理论模型进行演示与论证。

### 1.4.1.6 调查法

主要指通过问卷、调查表、访谈等方式搜集人们对某个问题的看法。在研究过程中为了核实项目的有关事实和信息，需要到项目现场进行调查，还需要面访多个工作人员、项目直接受益居民和影响群体以及相关的行业专家，听取利益相关者的意见和观点，书中还通过专家问卷调查获取相关参数值。

## 1.4.2 研究的技术路线

本书研究的技术路线是：通过背景分析明确选题意义；通过对失败案例

存在的问题进行剖析，提出研究的现实问题、凝练出更深层次的科学问题、解构出研究的关键问题；通过对国内外文献及相关理论的研究，找到研究思路；运用恰当的理论、工具、方法对四个关键问题进行深入研究，以解决书中提出的现实问题及科学问题；运用案例研究对理论模型及分析结果进行演示与论证；最后得出研究的结论及展望。具体技术路线如图 1.1 所示。

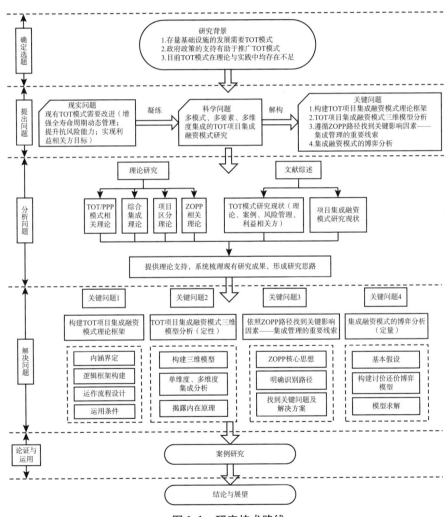

**图 1.1　研究技术路线**

# 第2章

# 理论研究基础与文献综述

## 2.1 理论研究基础

项目融资是通过将项目的资产、预期收益或权益作为抵押而获得的一种无追索权或有限追索权的融资或贷款（Fouzul，2005）。在项目融资过程中，存在着不同的投资结构、资金结构、融资风险、资信结构等，这些因素的不同组合与构造就形成了多种类型的融资模式。政府通过特许权协议允许社会资本投资基础设施领域，社会资本方在经营基础设施项目中获利、政府则一次性获得一笔资金可用于其他基础设施项目建设，这就是典型的项目融资模式，即公私合作模式。双方在合作过程中，不同的参与程度、投资结构、风险分担、利益分配就形成了具体的 BOT、TOT、狭义 PPP 等模式。根据研究的需要，本章着重介绍 TOT 模式与狭义 PPP 模式。

本书的研究以单一 TOT 及狭义 PPP 模式为基础，提出 TOT 项目集成融资模式的新概念，TOT 项目集成融资模式其实质也是政府与社会资本的合作，只是这种合作更加具有弹性与环境适应性。TOT 项目集成融资模式这个概念的提出、模式的运行机制是以项目融资模式理论、综合集成理论、项目区分理论、ZOPP 理论作为研究依据。

## 2.1.1　TOT 模式相关理论

### 2.1.1.1　TOT 模式的概念

TOT 是"移交（transfer）– 经营（operate）– 移交（transfer）"的简称，是私营机构、非公共机构、外资等社会投资者参加公共基础设施经营、发展的新型模式。指项目所在国政府（项目的拥有者）把已经建成并投产运营的公共基础设施项目的经营权，在一定期限内有偿移交（T）给私有机构、非公共机构及外商等社会投资者经营（O），经营收益归社会投资者所有；以公共基础设施项目在该期限内（特许经营期）的现金流量为标的，一次性从社会投资者那里获得一笔资金，用于偿还公共基础设施项目建设贷款或建设新的公共基础设施项目；特许经营期满后，再把公共基础设施项目无偿移交（T）回东道国政府（王松江，2011）。

### 2.1.1.2　运用 TOT 融资模式的重要意义

TOT 融资模式作为快速筹集基础设施建设资金的一种有效融资方式，在基础设施建设与发展领域正被广泛地应用。引入这种融资模式，主要有以下现实意义：

（1）政府采用 TOT 模式引入社会资本，可以有效缓解政府在公共基础设施建设中资金短缺的压力。

当政府以 TOT 模式进行基础设施建设时，依据双方签订特许权协议，政府需要将基础设施在一段时期内的经营权转让给社会投资者，与此同时，社会投资者需要向政府支付一大笔相应的资金。这样一来，政府财政压力将得到缓解，一方面，政府可以将所获得的这笔资金用于对基础设施建设所形成的债务进行偿还，还可以用于满足其他基础设施建设的资金需求，加快建设步伐；另一方面，当基础设施经营权转让以后，经营风险将转移给社会投资者，从而可以大大减少每年为此支付的财政补贴，分散了政府投资的风险。

（2）采用 TOT 模式，有利于学习和提高自身技术水平和管理能力。社会投资者对公共基础设施进行投资是出于盈利目的，希望公共基础设施能让其得到稳定和优厚的报酬。为此，社会投资者会在基础设施的运营管理过程中采用先进的技术、规范的制度、科学的管理模式，这将有利于我国公共基础设施领域技术水平、管理效率及服务质量的提高。

（3）在 TOT 模式下只转让经营权，不会产生产权的纠纷问题。在公共基础设施建设中采用 TOT 模式，私人投资者只是在特许经营期内获得了经营权，产权没有发生改变，保证了政府对公共基础设施的控制权，避免出现国有资产的流失问题，在我国特殊的经济及法律环境下，这样的融资模式更加有利于推广实施。

（4）不仅能有效盘活国有资产存量，还是新建公共基础设施的筹资渠道。一方面，TOT 模式的运用使中国公共基础设施领域的存量资产得到有效盘活，更加合理地对公共资源进行配置，使国有资产得到保值与增值。另一方面，通过将特许经营期内经营权的转让，政府一次性获得一笔资金，可以将这笔资金用于新建公共基础设施的建设，减轻资金不足的压力，加快我国公共基础设施的步伐，促进社会经济持续、稳定地发展。

（5）为社会资本创造投资机会，带动非国有经济的发展。截至 2017 年，民间资本的投资已经超过了 30 万亿元人民币，但这只是民间资本总量的一小部分，很多民营企业家有资金却不知道往哪里投资。采用 TOT 模式，允许社会资本进入公共基础设施领域，为其创造投资机会，有助于调动社会资本参与基础设施建设的积极性，带动非国有经济的发展。

### 2.1.1.3  TOT 模式适用范围

社会投资者通过 TOT 融资模式进入国家公共基础设施领域，参与其建设与经营，政府部门是希望借助社会投资者的技术、资金和管理优势来加快基础设施建设的步伐，而社会投资者所看中的是对国家公共基础设施领域进行投资所能得到的长期稳定的投资收益，这种收益只有通过对项目产品的收费来实现。并不是所有公共基础设施项目都具有盈利能力，因此，能采用 TOT 模式的项目是有限制的，只有能够通过收费产生收入的设施或服务，才是 TOT 模式的主要适用范围。这包括：

（1）纯经营性项目，如收费公路（以高速公路为佳）、收费桥梁、收费隧道、发电站等。

（2）部分准经营性项目（指有一定的经营收入），如煤气厂、地铁、轻轨、自来水厂、污水处理厂、垃圾焚烧厂等。

#### 2.1.1.4 TOT 模式运作程序

单一 TOT 模式的运作程序如图 2.1 所示。

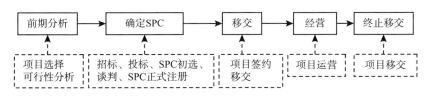

**图 2.1 TOT 模式运作程序**

（1）项目前期分析。转让方应该按照国家相关规定编制 TOT 项目建议书，在得到行业主管部门认可后，根据现行规定报有关部门批准。只有得到国有资产管理部门的批准或授权，国有企业或国有基础设施管理者才能采用 TOT 模式实施项目。

（2）确定 SPC。特殊目的公司（special purpose company，SPC）是为特定的 TOT 项目而专门组建的机构，也称为项目公司，负责对 TOT 项目整个过程进行专门的、专业的管理。经过招标、投标、谈判，确定社会投资者，并正式组建 SPC。

（3）基础设施项目经营权的转让移交。项目所在国政府与社会投资者就已建成基础设施项目在未来一定时期内全部或部分经营权的转让达成协议。

（4）基础设施项目的经营。社会投资者按照特许权协议的约定对基础设施项目进行经营管理。

（5）终止移交。特许经营期到期以后项目所在国政府将收回被转让的公共基础设施项目，项目所在国政府与社会投资者在进行项目移交时，应保证项目资产没有债务、没有进行担保、项目设施完好可以继续使用。

## 2.1.2　狭义 PPP 模式相关理论

### 2.1.2.1　狭义 PPP 模式的概念

PPP 是英文单词 public private partnerships 首字母的缩写，即"公私合作"融资模式。PPP 模式的内涵有广义和狭义之分：从广义的角度来看，PPP 模式泛指政府与社会资本之间为提供公共产品或服务而建立的各种长期合作关系；从狭义的角度来看，PPP 模式强调政府与社会资本全过程合作，始于项目的确认和可行性研究阶段，并贯穿于项目的整个执行过程，在整个项目生命周期中，双方共同对项目负责，期满后再移交给政府。在本书研究过程中所提到的 PPP 模式是狭义的概念。

### 2.1.2.2　狭义 PPP 模式的特点

根据狭义 PPP 模式的概念，狭义 PPP 模式具有的特征是：

第一，合作的长期性。一方面，基础设施项目建设规模大、建设时间长；另一方面，基础设施项目投资巨大，收回投资需要很长时间，因此政府与社会投资者将进行长期合作。

第二，社会资本参与项目建设的不同阶段。在公共基础设施项目整个生命周期中，社会投资者都将参与其中。

第三，政府融资和民间融资结合。在狭义 PPP 模式下，政府与社会投资者进行长期合作，共同对项目负责，共同完成项目所需资金的筹集。

第四，政府和社会资本之间风险的转移。狭义 PPP 模式的本质在于实现了政府资源与市场资源在数量、禀赋上的优势互补，允许社会资本进入公共基础设施领域参与投资建设，降低了政府的融资风险、运营风险，规避了公共品私人垄断风险，同时，政府的承诺、选择性参与、优惠政策等都有效降低了社会投资者的融资风险、运营风险、市场风险等。

### 2.1.2.3 狭义 PPP 模式的适用范围

根据狭义 PPP 模式的内涵及其特点，它比较适合运用于政策性较强的准经营性公共基础设施项目。准经营性公共基础设施项目是指那些具有收费功能、可以获取收益，具有潜在利润，但是由于相关政策和收费的价格还不明确等外在因素，而不能收回成本，实现收支平衡的项目。这类项目附带部分公益性，但经济效益不够明显，将其放在市场中运行必然产生资金供给不足的问题，政府必须提供某些政策扶持和优惠措施、必要的资金补偿或适当的利息补贴，以维持这些项目。此外，由于准经营性公共基础设施项目具有公益性和政策性较强的特点，政府还应该具有较强的调控能力。

### 2.1.2.4 狭义 PPP 模式的运作流程

狭义 PPP 模式的运作流程通常分为四个阶段：前期分析、选择 SPC、开发运营、终止移交。具体运作流程如图 2.2 所示。

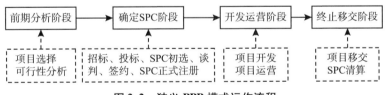

**图 2.2　狭义 PPP 模式运作流程**

首先，前期分析阶段，包括项目选择和可行性研究，以狭义 PPP 模式运作的项目，其可行性研究需要对项目民营化的可行性进行评估；其次，确定 SPC 阶段，要经过招标、投标、SPC 初选、谈判、签约、正式注册环节；再其次，开发运营阶段，SPC 与各联合单位签订正式合同，包括贷款合同、设计合同、建设合同、保险合同、管理合同等，并组织各相关单位进行项目开发，开发完成后，项目即进入运营阶段；最后，终止移交阶段，是项目运作的最后一个阶段，特许期满后，SPC 将把项目的所有权与经营权移交给政府，移交结束，SPC 的业务随之终止。

### 2.1.2.5  TOT 模式与狭义 PPP 模式的比较

尽管都属于项目融资模式，但 TOT 模式与狭义 PPP 模式在许多方面具有显著差异。

（1）项目所有权与经营权方面。狭义 PPP 模式下，政府和社会资本方各拥有一定的所有权与经营权，这在一定程度上会威胁到政府对公共基础设施的控制权，但可以更好地激发社会资本方的积极性与主观能动性；而 TOT 模式则始终是由政府拥有所有权，社会资本方在特许期内拥有项目的经营权，更容易被政府所接受。

（2）短期内资金获得难易程度方面。由于 TOT 模式是接手一个已经建好的项目，可以快速投入经营，所以比狭义 PPP 模式更容易在短期内获得资金。

（3）项目前期成本方面。狭义 PPP 模式前期成本有勘察、设计、监理、临时水电、用地等费用；TOT 模式的前期成本主要包括因尽职调查、清产核资、资产评估等前期工作发生的成本费用，而这些工作通常由政府完成；并且 TOT 模式没有"建设"阶段，项目利益相关者数量相对更少，谈判时间更短，所以，TOT 模式的前期成本比狭义 PPP 模式更低。

（4）政府的参与程度方面。狭义 PPP 模式下（如图 2.3 所示），政府与社会资本方合作成立 SPC，政府不仅赋予 SPC 项目特许开发权，政府也进行直接投资，在整个项目生命周期中双方全过程合作，共同对项目负责，政府的参与程度非常高，可以在项目初期实现风险分配，双方共同分担，使风险分配更合理，提高项目融资成功的可能性；TOT 模式下（如图 2.4 所示），政府赋予社会资本方特许经营权，社会资本方组建项目公司对基础设施项目进行经营，在整个经营阶段政府都只是监督并不参与项目经营，直至项目移交阶段，经营风险由社会资本方承担。

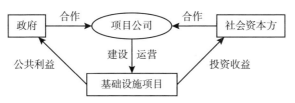

**图 2.3　狭义 PPP 模式下政府参与情况**

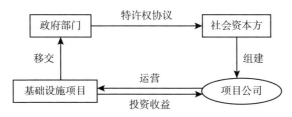

**图 2.4　TOT 模式下政府参与情况**

（5）适用条件与适用范围方面。狭义 PPP 模式适合于能有长期、稳定现金流量的已建成项目和在建项目，而 TOT 模式只能运用于有长期、稳定现金流量的已建成项目。由于狭义 PPP 模式与 TOT 模式下政府和社会资本方拥有项目所有权的不同，对于那些关系到国计民生的基础设施要害项目，为避免因控制权的减弱而影响到公众利益，采用 TOT 模式更为恰当。

除以上分析，TOT 模式与狭义 PPP 模式还存在一些其他方面的不同。冯逢等（2005）在其研究中对 BOT、TOT、PPP 进行比较；王艳伟等（2009）在其研究中对 BOT、TOT、PPP 进行了比较；徐可等（2016）对 BT、BOT、TOT 进行比较。在借鉴现有研究结论的基础上，本书将 TOT、PPP 存在差异的关键指标进行比较，并汇总如表 2.1 所示。

**表 2.1　　　　　　　　TOT/狭义 PPP 融资模式关键指标比较**

| 指标 | 融资模式 | |
| --- | --- | --- |
| | 狭义 PPP | TOT |
| 项目所有权 | 通过特许协议，私人部门和政府各拥有一定的所有权 | 政府拥有所有权 |

续表

| 指标 | 融资模式 | |
| --- | --- | --- |
| | 狭义 PPP | TOT |
| 项目经营权 | 通过特许协议，私人部门和政府各拥有一定的经营权 | 特许期内政府全部失去，项目公司完全拥有 |
| 投资者范围 | 大 | 大 |
| 利益相关方数量 | 多 | 少 |
| 短期内资金获得难易程度 | 中等 | 易 |
| 前期成本 | 中等 | 低 |
| 融资需要的时间 | 短 | 短 |
| 政府参与程度 | 项目全生命周期 | 移交阶段 |
| 政府风险 | 中等 | 小 |
| 可持续发展能力 | 强 | 强 |
| 适用条件 | 能有长期、稳定现金流量的已建成项目、在建项目 | 能有长期、稳定现金流量的已建成项目 |
| 适用范围 | 应用范围广泛 | 尤其适用于关系到国计民生的基础设施要害项目 |

可以看出，TOT 模式具有项目前期成本低、短期内更容易获得资金，政府风险更小的优越性，易于被社会投资者和政府公共部门接受的优点；而狭义 PPP 模式则更加突出在项目生命周期各阶段内政府公共部门的全程参与，可与社会资本方共同分担项目经营风险。TOT 模式与狭义 PPP 模式的这些不同之处正好形成互补性；同时，TOT 模式与狭义 PPP 模式的适用条件是相包容的，因此，将 TOT 模式与狭义 PPP 模式进行集成具有可行性与重要意义。

## 2.1.3 ZOPP 含义及操作流程

ZOPP 是德语 "ziel orientierte project planing"（目标导向的对策规划）的缩写。它是通过调查、分析存在的问题，明确解决问题后要实现的目标，并以此为基础进行方案设计、规划、实施、检测与评估的一整套理论体系和工作技术（王松江，2016）。ZOPP 操作流程如图 2.5 所示。

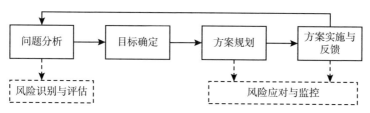

**图 2.5　ZOPP 操作流程**

首先，在对项目进行深入调查了解的基础上进行问题分析；其次，以问题分析为基础，建立起问题树，将问题树中的问题转化为相应的目标，得到"目标树"；再其次，根据相似及相近的要求划分目标群，"目标群"也就是"方案"或"项目"；最后，实施选择的方案并进行评估反馈。

在本书研究过程中，ZOPP 将运用于分析 TOT 项目集成融资模式实施中存在的阻碍因素，贯穿于 TOT 项目集成融资模式各个阶段，在项目整个生命周期反复进行。ZOPP 是对项目风险进行识别、评估、应对、监控的动态分析工具；同时，其分析结果也是判断项目是否需要再谈判的重要依据。

## 2.1.4　综合集成理论

在现代科学技术迅速发展的背景下，1990 年初，钱学森等首次明确提出了综合集成法。综合集成法是从定性到定量地处理开放、复杂巨系统的方法论，是从整体上分析并解决问题的方法论。作为一个复杂巨系统问题的研究方法，钱学森认为，综合集成是高于统计研究中的荟萃分析，强调信息技术的充分利用，人与机器的结合，人作为主体，将专家系统、数据与信息系统、计算机系统进行有机结合，形成一个人机结合、人网结合的高度智能化的系统。通过将人们的思维及其结果、人们拥有的知识、积累的经验和智慧以及各种数据、信息进行有效集成，使人们对事物的认识不只局限于定性的层面，更是上升为定量的层面。作为一种科学方法论的综合集成法继承并发展了系统方法论，将马克思主义唯物辩证法作为其哲学基础，数学科学和计算机科学技术作为其方法基础，将复杂系统应用作为其实践基础。

综合集成的内涵包含多个方面：一方面，强调综合集成是一种"方法论"，即对复杂系统问题进行研究的通常办法和技术思路，就是将系统要素进行定性到定量的综合集成，并以此思想为指导形成综合集成的方法体系；另一方面，则是强调系统进行综合集成的"过程"，为了使系统运作更加顺畅，而对整个系统要素实施有机、协调的组织。综合与集成是一个相互交错、循环迭代、螺旋推进的过程，集成应以综合为前提，而综合则以集成为基础，体现出全面性与整体性、系统化与一体化。

综合集成方法是在系统整体思想指导下进行的分解及分析研究。通过这样的分解及分析可以有助于我们了解系统构成部分的功能、特征以及各个部分之间的相互关系；通过这样的分解及分析，并在此基础上进行综合，有助于我们更好地理解系统功能的涌现性，认识整体效果大于各部分相加之和的飞跃。从定性到定量的循环递进使得综合集成过程呈现出复杂性的特点，这个过程使人类逻辑思维和形象思维等思维活动可以相互结合的特点和规律性得以体现，也反映出人们从定性认知到定量认知之间的关系及其转换。

本书提出的 TOT 项目集成融资模式就是项目各要素以及多种融资模式的综合集成，是对综合集成理论的具体运用。

## 2.1.5  项目区分理论

上文中提到 TOT 模式仅适用于纯经营性项目和部分准经营性项目，狭义 PPP 模式则较适用于政策性较强的准经营性项目。然而，纯经营性项目、准经营性项目，甚至非经营性项目并非始终不变，在特定条件下，各类型项目是可以发生转化的，这种转化就使得各种融资模式的适用性随之改变，为项目融资模式的运用增加了灵活性，是本书研究集成融资模式的重要理论基础。

在项目区分理论下，项目被分为经营性项目与非经营性项目，并依据项目的性质来确定项目的投资主体、运作模式、资金渠道及权益归属等。

就经营性项目而言，只要项目本身符合城市发展规划和产业导向政策，对投资主体没有特别的限制，其投资主体既可以是国有企业，也可以是民营企业，包括外资企业等。投资主体是通过公开、公平、竞争性的招投标程序进行选择的，投资者需要自己对项目的融资、建设、经营和维护进行决策，并享有相应权益。但是，为了项目最终能使政府、投资者和公民都受益、都感到满意，在制定项目价格时，应遵循"企业报价，政府核价，公众议价"的规则，政府既要考虑投资方的投资利益，也要顾及社会公众的可承受能力。

作为非经营性项目，其投资主体是政府，依据政府投资运行模式进行操作。政府公共资金投入是项目的主要资金来源，同时，配以固定的税种或费种给予保障。在这种情况下，项目权益由政府拥有。

以市场是否发挥作用的角度出发，依据如下两个标准，将公共基础设施项目进行分类：第一，依据项目是否有收费机制，也就是说项目能否带来资金流入，可以将公共基础设施项目分为"经营性项目"和"非经营性项目"；第二，当项目存在收费机制的情况下，依据项目能否获得收益，又可以进一步将经营性项目分为"纯经营性项目"和"准经营性项目"，但是，这样的分类在政府政策的影响下会发生改变。

### 2.1.5.1　非经营性项目

非经营性项目通常没有收费机制，不能带来资金流入。市场对这类项目几乎起不了任何调节作用，所以说是市场失效的，然而却是政府有效的。非经营性项目的投资只能由公共利益的代表——政府财政来提供，政府对这类项目的投资、建设主要是为了获取社会效益和环境效益。

### 2.1.5.2　经营性项目

经营性项目可通过收费的方式获得资金流入，但并不是所有的项目最终都能实现盈利，于是依据项目是否产生利润，可以将经营性项目分为：纯经营性项目和准经营性项目。

（1）纯经营性项目。纯经营性项目也可以称为营利性项目，对这类项目进行投资的目的是实现投资资本的增值，实现利润最大化。可以调动全社会积极参与投资，充分发挥市场资源配置的作用。

（2）准经营性项目。准经营性项目可以收费，存在资金流入，然而，由于相关政策和收费价格不到位等外在因素，使得这类项目的成本没办法收回，具有一定公益性的特点。市场调节对准经营性项目是失效或低效的，由于其不具有明显的经济效益，在市场中运行必然会导致资金供给不足，需要借助政府适当的贴息或给予优惠的政策才能维持运营。但是，这类项目一旦收费价格和相关政策等条件到位，就可实现盈利，这时，准经营性项目就可以转变成为纯经营性项目。

总体而言，公共基础设施项目的区分可以汇总如表2.2所示。

**表 2.2** 公共基础设施的项目区分

| 项目属性 | | 项目实例 | 投资主体 |
|---|---|---|---|
| 经营性项目 | 纯经营性项目 | 收费高速公路、收费桥梁、收费隧道、废弃物的高收益资源利用厂等 | 全社会投资者 |
| | 准经营性项目 | 煤气厂、地铁、轻轨、自来水厂、垃圾焚烧厂、收费不到位的高速公路等 | 吸纳社会投资政府适当补贴 |
| 非经营性项目 | | 敞开式城市道路、公共绿化等 | 政府投资为主 |

资料来源：王松江. 经营性公共基础设施项目融资管理 [M]. 北京：科学出版社，2011：2-18。

上面内容阐述了纯经营性项目、准经营性项目和非经营性项目的内涵，将各类型项目进行了区分。然而，各类型项目并非始终不变，当条件具备时，各类型项目可以发生转化。即使是非经营项目，在特定的政府政策和价格机制作用下，也可以获得资金流入，使其转变为准经营性项目，甚至是纯经营性项目。例如，当一条道路以不进行收费的形式向社会供给时，它是一个非经营性项目，但如果给这条道路设计并执行了相应的收费机制，这条道路就从非经营性项目转变成了经营性项目。

纯经营性项目、准经营性项目、非经营性项目间的相互转化如图2.6所示。

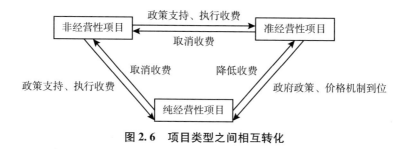

**图 2.6 项目类型之间相互转化**

## 2.1.6 其他关键概念的界定

关键概念 1：TOT 项目集成融资模式。TOT 项目集成融资模式以单一 TOT 模式为核心，以综合集成理论、项目区分理论、基础设施民营化理论作为依据，通过与狭义 PPP 模式进行集成，而对整个项目系统要素实施有机、协调地组织，使项目运作更加顺畅，是具有集成化、动态化、目标统一化特征的新型项目融资模式，是对现有 TOT 模式的改进与完善（详见本书第 3 章第 3.1 节）。

关键概念 2：初次谈判。书中的初次谈判是指"政府与社会资本方签订特许经营合同时进行的谈判"。

关键概念 3：再谈判。指政府与社会资本方在签订特许权协议后，因为内外环境的变化、风险因素的作用使得项目运行出现困难，双方不得不就合作相关事宜进行再次谈判，再谈判可以是在保持当前 TOT 融资模式的前提下，对项目合同中的回报机制、特许经营权期限、风险分担等条款进行调整；也可以在 TOT 模式无法继续实施时，对合作模式转换等问题进行谈判，最终都是为了能够弥补初始项目合同中存在的漏洞，促进项目的顺利运行，实现项目利益相关方的共赢。

关键概念 4：项目失败。TOT 项目集成融资模式的提出是为了应对实践中项目失败的问题。项目在什么情况下算是失败？为了在研究过程中有统一标准，有必要对项目失败进行明确界定。根据对已有研究的分析总结，本书从项目生命周期和利益相关者角度归纳出界定项目失败的依据为：第一，采购阶段未能顺利签订项目合同，特许经营项目被取消；第二，在特许期内，无法履行特许经营合同，双方终止合作关系；第三，从社会资本角度看，项目未能实现期望的收益；第四，从政府的角度看，项目没有实现物有所值（VFM）。在公私合作项目中出现以上其中任何一种或几种情况，都认定为是项目失败。

## 2.2  文献综述

根据研究需要，这一节将着重对 TOT 项目融资模式、项目集成融资模式及 ZOPP 的国内外相关文献进行回顾和梳理，并进行总结。

### 2.2.1  TOT 模式研究综述

TOT 类项目融资模式来自 BOT 类项目融资模式的演变。土耳其首相图尔古托扎（Turgutozal）在 1984 年首次提出 BOT 的概念后，世界很多学者对这类融资模式进行了深入研究。

#### 2.2.1.1  TOT 模式操作方面的研究现状及评述

在发达国家，由于其比较完善的法律法规体系，项目在其国内市场的使用量也较为稳定，利率和汇率波动相对较小，国内资金比较充裕，因此，项目融资的实施主要吸引了国内的投资者。"公私合作之父" E. S 萨瓦斯（2002）认为对于经营性公共基础设施项目，TOT 模式是实现公私合作的典型模式，并对 TOT 模式的操作和功能特性与其他融资模式进行比较，优化此类融资模式，增加此类融资模式的可操作性。达布等（Daube，Vollrath and Alfen，2007），通过对两种融资模式的比较，提出经济可行性研究是选择最有效的公私合作融资形式的重要程序。莱什拉姆和卡利迪尼迪（Laishram and Kalidindi，2009），从债务融资的角度评估项目的可取性，开发了满意度分析工具（DRAI）。项目的满意度评级概况为决策提供了有价值的信息，满意度分析工具（DRAI）有助于做出正确的项目决策。陆等（Lu et al.，2015），提出一个社会影响项目融资（SIPF）框架，通过嵌入社会影响绩效标准，SIPF 拥有内部激励机制，可以协调公共和私营部门的观点，更好地实现项目融资。奇尔库诺娃等（Chirkunova et al.，2016），对项目融资的途径和方法进行分析，得出了项目融资的分类图，为建设项目选择最佳融资类型提出建议。

TOT 模式作为公私合作模式中的一种，不涉及项目的建设过程，减少了社会资本的投资风险，提高了公私合作的积极性，因而在实践中得到了较多的应用。国内许多学者也对 TOT 进行了多方面的研究，取得了丰硕的成果。

王松江、王敏正（2003）对 TOT 融资模式运用于云南省公共基础设施领域相关内容进行探讨，并就运用中应注意的关键问题，如操作程序、项目谈判、项目定价等进行深入研究。赵国来（2009）在其研究中对 TOT 模式的运作方式进行了详细阐述，通过与 BOT 模式的对比，强调 TOT 模式在招标环节需要特别注意的事项。徐可、何立华（2016）在研究中从融资模式结构、融资模式的风险分担、融资模式的所有权形式三个角度对 BT、BOT 和 TOT 进行比较分析，从而更好地诠释了三种融资模式的优缺点及适用性。马丽、王松江、韩德宝（2010）运用霍尔三维结构的方法对 TOT 项目融资的结构、功能以及运行机制进行分析，结合数据挖掘技术，构建出三维系统框架，探讨了 TOT 模式的经济效益和社会效益。郭菊先、高向平、博文喜（2003）在其研究中分析了 TOT 项目融资中经营权定价的原则与方法选择问题，并重点研究了巴拉特定价模型的运用。曹俊峰（2014）在其研究中运用合作博弈理论对经营性公路 TOT 项目经营权转让定价的合作博弈相关要素进行设定，并构建合作博弈模型。简迎辉、孙洁（2015）在其研究中结合案例运用实物期权法对水电项目运用 TOT 模式的定价问题进行研究。

从对上述文献的分析可以看出，尽管各个学者研究角度、研究目的不同，但对 TOT 模式的操作程序有着清晰、统一的认识。现有研究对 TOT 模式操作程序从总体上进行了阐述，并对细节方面，如可行性研究、经营权定价、绩效改善等方面进行研究，为 TOT 模式的实践提供了很好的指导作用，但现有研究中缺乏对 TOT 模式操作程序本身存在的局限性，如程序的开环结构、程序中没有考虑合作过程中再谈判等问题的探讨。

### 2.2.1.2　TOT 模式运用领域方面的研究现状及评述

在发达国家，由于国家对基础设施特许经营项目的有效管理，各国根据自身实际需要，特许经营项目的选择和形式也有其各自的特点和重点，例如，美国的特许经营项目中采用 BOO 模式比较多，主要集中在供电和交通设施领域，因此，在美国，BOO 电力项目被称作独立发电厂项目（IPP）；在英国，BOT 被广泛应用于电力和公路项目建设中，也称为 PFI（私人融资）。并且，在 1999 年英国环境交通区域部要求所有公路项目都必须采用 PFI 模式，否则将不予立项。在澳大利亚，BOT 融资模式被广泛运用于交通领域、供水领域、电力领域和监狱领域等。

冯宁宁（2006）在其研究中对 TOT 模式在我国铁路项目融资中应用的可行性进行分析并提出应用的建议。祁剑锋（2007）在其研究中对公路项目中运用 TOT 模式的相关问题进行探讨，分析了公路项目中运用 TOT 模式的可行性、必要性、流程及风险管理。邵哲、张桂梅（2012）在研究中对国有林场改革运用 TOT 模式的可行性进行了分析，并提出了运用中可能存在的风险及应对措施。褚耀光（2008）在其论述中就渝涪高速公路项目运用 TOT 模式问题的研究，分析了合作者选择的问题、经营权定价问题等。戴颖喆、彭林君（2015）在其研究中以江西省 78 家污水处理厂为例探讨了 TOT 模式在城市生活污水处理厂中运用的步骤及产品价格测算。黄程远等（2017）在研究中分析了地方高职院校新校区基建采用 TOT 模式的意义进行阐述并构建 TOT 模式转让价格理论决策模型。张莹、杜建国（2006）在其研究中对环保产业运用 TOT 模式融资的优越性、融资流程及存在的风险进行探讨。

TOT 模式运用领域方面的现有研究主要探讨该模式运用于相关领域的可行性与经营权定价问题。这些研究所涉及的运用领域及项目均满足 TOT 模式的适用范围，即：能够通过收费产生收入的纯经营性项目或部分准经营性项目。现有研究没有涉及项目性质改变后 TOT 模式的适用性问题，一定程度上限制了 TOT 模式的运用推广。

### 2.2.1.3　TOT 模式风险管理方面研究现状及评述

对风险相关问题的研究是 TOT 类项目融资模式研究的核心。扎伊德和常

（Zayed and Chang，2000）提出来的风险评估模型就成为 TOT 类项目融资模式风险评估的原始模型，在这个模型中第一次提出风险指数的概念，并运用这些指数进行风险大小的评估，还提出了进行风险规避的具体措施方案；徐叶林等（Xu et al.，2010）在其研究中开发一种模糊综合评估模型，用于评估特定关键风险组的风险水平以及与中国公私合作项目相关的总体风险水平，为从业者提供了一个机会，可以根据客观证据而不是主观判断来评估不同类型的公私合作项目的风险水平。穆里亚纳和维齐尼（Muriana and Vizzini，2017）通过确定工作进度状态的风险，提出了评估和预防项目风险的确定性技术。科尔斯和范费内马（Keers and Van Fenema，2018）通过对两个公私合作项目和一个简短行业调查的双重案例研究，探讨了支持维护伙伴关系形成的风险意识和风险管理实践，借鉴在调查中的发现，构建公私合作项目风险管理框架。帕蒂尔和莱什拉姆（Patil and Laishram，2016），分析公私合作流程中的不足，通过加强利益相关方参与、环境影响评估、性价比分析、用户收费、风险分配政策、交易等关键方面管理，促进当前公私合作采购过程的可持续发展。萨斯托克等（Sastoque，Arboleda and Ponz，2016）通过与学术界，公共部门和私营部门专家的访谈，确定哥伦比亚公立学校发展的风险分配。在访谈中发现，私营部门必须承担自然风险，金融风险，宏观经济指标风险，建筑风险和操作风险，而公共部门必须承担社会风险，选择项目风险和政治风险。最后，法律和立法风险、剩余风险、关系风险应由公共部门和私营部门共同承担。哈梅内赫等（Khameneh，Taheri and Ershadi，2016）通过深入研究确定项目风险管理系统的关键绩效指标，并为评估该系统的绩效提供框架。伊拉米等（Islam et al.，2017）对当前建设项目风险评估中模糊和混合方法的研究趋势和应用领域进行探讨，发现，复杂项目的性质使得大多数风险彼此相互依赖。因此，模糊分析网络过程（FANP）等模糊结构化方法经常被用于不同的复杂项目。什里斯塔等（Shrestha et al.，2017）在其研究中确定了三个参数：竞争、监督、激励，以转移委托代理关系中的风险，研究结果表明，竞争决定了私营部门承担风险的能力，监测减少了事后信息的不对称性，激励措施确保风险得到有效管理。阿什里和莫斯塔安（Ashuri and Mostaan，2015）对私营部门参与美国高速公路项目投资问题进行了分析，认为金融，政治，法律，管理和组织问题阻碍了私营部门参与投资。

国内学者中，刘晗（2005）在其研究中重点对 TOT 项目中的损耗风险进行分析，并提出解决措施。邓秋菊（2015）在其研究中通过分析政府与投资方合作博弈模型中的要素，提出了对 TOT 模式公路经营权转让有影响的相关因素。韩彦平（2010）在其研究中对 TOT 项目中的风险识别、风险评价、风险应对及监控进行研究并进行实证分析。尤荻（2010）从集成的角度，基于过程、要素、利益相关者三个维度进行了分析，提出了风险管理过程和风险管理支持系统的 TOT 风险集成管理。侯丽、王松江（2012）运用霍尔三维结构模型进行项目风险的识别，再通过模糊故障树方法对风险进行定性分析和定量评估，并给出 TOT 项目主要风险的应对措施。就目前可查到的文献资料中没有专门研究 TOT 模式风险动态管理的文献，但能找到有关公私合作项目及大型建设项目风险动态管理的相关研究文献。叶晓甦、周春燕（2010）对公私合作项目生命周期进行界定，认为在项目生命周期不同阶段由于工作内容的差异、外部环境的不确定性会使项目面临的风险处于变化的状态，应该在项目运行过程中不断重复风险识别、风险评估、风险应对的风险管理程序，于是提出基于全寿命周期理论的风险动态化管理，并构建动态集成化风险管理模型。杨文宇（2010）分析了公私合作项目的一般程序，项目风险及特点，提出项目全生命周期动态风险管理就是对项目在准备阶段、招标融资阶段、实施阶段动态地进行风险管理，并详细论述各阶段存在的不同风险及应该采取的风险管理手段。杨洋（2010）等基于霍尔三维结构，将项目风险管理从时间维（项目不同生命周期阶段）、环境维（不同阶段面临的环境）、知识维（风险的识别、评估与应对策略）等三个维度展开，认为在项目生命周期不同阶段应该对项目风险进行动态管理。陈基鹏等（2017）提出动态的风险管理是由风险分析、风险规划、风险控制和风险监督构成的一种循环结构。付洁等（2016）对大型建设项目风险动态管理的组织模式进行研究，认为大型工程项目风险动态管理的组织分为两种形式，分别是风险管理小组和风险管理委员会，并提出风险动态管理机制就是动态跟踪、动态评估和动态应对。张曼等（2004）主要研究大型项目融资风险的动态管理方法，在研究中运用融资风险指标监控法、NPV 和 PaR 指标监控法以及 B 指标监控法对项目的破产风险、收益风险以及资本结构风险进行监测，通过指标的变化分析风险发生的可能性，以便于及时采取控制措施。

在上述文献中，风险管理方面的现有研究主要探讨风险评估模型、风险因素分析、风险管理过程及管理框架等问题，风险动态管理相关研究较少。通过对公私合作项目及一般建设项目风险动态管理的研究成果进行梳理得出：一类研究主要是从项目全寿命周期理论出发，提出风险管理程序不是一次性的过程，而应该循环贯穿于整个项目生命周期阶段。这一类的研究给出了项目风险动态管理的思路和依据，强调风险动态管理的重要性和必要性，但是却没有给出具体实施方案及技术方法。另一类研究主要从方法及组织模式出发，虽然在一定程度上弥补了第一类研究的不足，但是却没有解决使用恰当方法对风险实施动态监测后，对于被识别出来的风险，特别是那些项目自身无法解决的风险应该如何应对的问题，缺乏应对措施。

### 2.2.1.4 TOT 模式利益相关者研究现状及评述

在目前可查到的文献资料中没有专门研究 TOT 模式利益相关者的文献，但 TOT 模式本质上属于公私合作模式，因此这个部分将对公私合作模式利益相关者相关文献进行研究。在国外的研究文献中，伯克和德米拉格（Burke and Demirag，2017）对公私合作伙伴关系中的风险转移和利益相关者关系进行研究，深入了解采购管理局在爱尔兰道路公私合作伙伴关系中使用的利益相关者管理策略，两位学者通过对 38 个主要利益相关者进行访谈并得出结论，认为风险的分配，转移和管理会影响利益相关者关系的质量。约翰森等（Johansen，Eik-Andresen and Ekambaram，2014）探讨了项目应如何确定并处理与项目目标和不确定性问题相关的利益相关者，研究重点是关注利益相关者与机会之间的关系。阿拉贡内斯－贝尔特兰等（Aragones-Beltran，Garcia-Melon and Montesinos-Valera，2017）从项目经理的角度衡量每个利益相关者对项目团队其他成员的影响。研究表明，最有影响力的利益相关者是承包商，信号系统提供商占总影响的 40%。这些结果有助于项目经理了解最具潜力的两个利益相关者，并为未来的利益相关者管理制定指导方针。钟和克劳福德（Chung and Crawford，2016）对运用社会网络理论和方法作为识别、分析和管理利益相关者关系的可行性进行分析。国内学者，许聪等（2014）认为在项目实施过程中项目利益相关者关系是动态变化的，于是利用 SNA 法对公私合作项目的利益相关者网络在项目实施的不同阶段进行分析，将项目利益相关者动态变化的关系及彼此之间的影响关系直观而又定量化地呈现出来。焦媛媛等（2016）运用社会网络分析（SNA）方法，构建公私合作项目治理中各利益相关者的社会关系网络，通过网络密度分析、中心度分析得出项目在决策、实施、运营阶段利益相关者的关系网络状况，并针对各阶段关系网络的特点提出关系优化措施。刘芳（2012）对项目利益相关方的动态治理关系进行研究，基于 SNA 提出了项目利益相关者动态治理关系社会网络的构建方法，提出了利益相关者动态治理关系的系统基模分析方法，并给出基于动态网络模型的项目治理系统流图研究方法。游佳莉等（2017）总结了在公私合作项目利益相关者管理方面存在的问题，例如，缺乏有效的利益协调处理机制、存在"信息孤岛"现象、仅依靠合同或行政手段难以实现共赢等，于是基于动态联盟的相关理论，构建公私合作项目利益相关者动态联盟模型，并为动态联盟的实施设计管理机制，包括合同治理机制、信息共享机制、利益分配机制、结构评价机制。

现有文献中缺乏专门针对 TOT 模式利益相关者问题的研究，即使是关于公私合作模式下利益相关者的文献也比较少。在这些已有的研究中，国外学者注重对影响利益相关者关系的因素、利益相关者的不同团队影响力、利益相关者关系的分析方法进行研究，国内学者注重运用一定的方法（如 SNA）对利益相关者之间的关系进行描述，并通过构建模型反映出利益相关者之间关系的动态变化，揭露了公私合作项目利益相关者关系网络的动态性，为相关问题的研究提供了可借鉴的研究方法和思路。然而，项目利益相关者关系的变化会导致其他项目要素发生系统变化，例如，风险分担比例的变化、利益分配的变化，甚至是融资模式的变更。现有研究中没有将利益相关者关系与其他项目要素进行集成管理。

可以看出，不论是学术方面还是实践方面，国内外学者对 TOT 模式都在进行了大量研究和探索，这些研究为 TOT 模式的规范与推广起到很好的促进作用。但现有文献中对 TOT 模式操作程序局限性的研究、对风险动态管理实施方案与技术方法的研究、对 TOT 模式利益相关者动态管理问题的研究不是很充分。这些已有研究的贡献与不足为本书的研究创造了条件与机会。

## 2.2.2　项目集成融资模式研究现状及评述

国外现有研究中能查到关于"集成管理"的少量文献。切格和鲁韦拉米拉（Chege and Rwelamila，2001）对私人融资建设项目的采购系统进行研究，在其研究中运用南非案例揭露了公私合作模式并非适合于所有项目，应该清晰认识公私合作模式的优缺点及前提条件，通过对世界各地的 PPP 项目的分析证明了各种相互关联的因素结合起来会导致项目成败。贝里泰利等（Beritelli，Boksberger and Weinert，2004）在研究中提出融资标志性体育赛事的综合概念，允许独立地将特定事件与情境差异进行比较，展示了事件管理的作用机制，指出了分类模型的三个维度，并运用案例研究说明了该模型的含义。卡比尔和哈桑（Kabir and Hassan，2010）在其研究中提出集成宗教基金和小额信贷的综合贫困缓解模型，可以作为传统微观融资的有效替代方案。

国内关于项目集成融资模式的相关研究也不多。尤荻（2008）在其学位论书中探讨了公共基础设施 BOT-TOT-PPP 集成融资模式应用研究，该研究将总项目进行时间与空间的分解，形成多个子项目，以项目特点与阶段特点的结合来选择合适的融资模式。孙荣霞（2010）在其研究中对基础设施 BOT-TOT-PPP 集成融资模式进行研究，该研究提出的主要观点是，可以将总项目细分为各个子项目，然后依据各子项目的特征选择相应的融资模式。鲁夏琼（2011）对 BOT、BT、TOT 三种融资模式进行比较分析，提出将 BOT、BT、TOT 模式进行集成的观点，重点运用霍尔三维模型对 TOT 模式的特许经营权转让定价进行分析。马丽（2011）在其研究中就经营性公共基础设施项目运用 TOT 模式进行集成管理研究，从人事结构、物事结构、理事结构三个方面分析了 TOT 模式的构成要素，并对这些要素进行了集成管理。彭程（2012）在其研究中提出 BOT-BT-TOT 集成融资创新模式，并运用于城市快速公交系统，该研究主要构建了 BOT-BT-TOT 集成融资的霍尔三维结构，即逻辑维、时间维、知识维。姚芳虹、郑青慧（2017）针对我国体育场馆建设的现状，提出可以将 TOT 与 BOT 结合，构建 TOT-BOT 组合模式，并对该组合模式运用于体育场馆建设的优势、劣势、市场机会与威胁进行分析。

现有研究文献中，国外学者提出了公私合作模式存在的局限、项目要素集成的重要性及多种融资工具的集成模型，为本书的研究提供思路。国内学者提出：可将多个融资模式进行综合运用的思想，例如，TOT-BOT、BOT-TOT-PPP、BOT-BT-TOT 等。在已有的这些研究中所提出的集成融资模式，研究的角度是项目的可分解性，将项目分为不同子项目或不同项目阶段，根据不同子项目及各阶段不同特点选择相对应的融资模式，实现在项目不同阶段、不同的环境下多种融资模式的集成；在运用过程中也不突出最主要的模式，例如，将 TOT 模式与其他融资模式进行集成，TOT 模式只是作为一种在特定情况下可供选择的方式，而非必要或主要方式。这些观点及结论为本书的研究奠定了良好的基础。本书提出的 TOT 项目集成融资模式，是以风险的动态管理为研究的视角，旨在对传统 TOT 模式的完善，虽然是将 TOT 模式与狭义 PPP 模式进行集成，但以 TOT 模式为主，狭义 PPP 模式仅在必要时引入，集成的目的是更好地发挥 TOT 模式的价值。

### 2.2.3　ZOPP 运用于公私合作模式的研究现状及评述

国外学者海宁和拉亚马吉（Heinen and Rayamajhi，2001）在其研究中运用 ZOPP 法对尼泊尔保护区资源活动进行管理，描述了方法的优点和缺点，并提出该方法依赖于管理规划研讨会及实施后续研讨会，研讨会参与者包括重要利益集团的代表。特雷佩尔（Trepel，2007）在其研究中对以目标为导向的泥炭地恢复计划的实施情况进行评估，并得出结论：为了改进以目标为导向的选址和规划，地方当局需要更多的培训和更好的水文理解；为了提高生态恢复项目的有效性，应该加强培训和能力建设。萨兰蒂斯等（Sarantis，Charalabidis and Askounis，2010）在其研究中通过将 ZOPP 和 DEM（动态企业建模）进行集成并运用到决策系统中，帮助实施者和决策者进行电子政务项目的规划和控制，改进了大多数商业工具。ZOPP 和 DEM 的结合，促进了所有相关方之间的沟通和协作，以共同确定项目需求和要求，减少由于误解造成的变更数量。利伯曼纳和埃斯皮诺萨（Lieberman and Espinosa, 2007）认为电子消费产品比以往任何时候都面临着巨大挑战，目标被认为是需求获取、组织、分析、谈判的驱动力。研究中讨论了实践中的经验教训，以目标为导向的需求工程有助于与实践之间建立良好的关联。国内学者，沈静（2015）在其研究中运用 ZOPP 对 PPP 模式实践中存在问题进行分析与评估，并提出解决措施。李力（2013）运用 ZOPP 分析中小水电项目存在的问题，为中小水电项目优化提供思路。张经阳等（2010）运用 ZOPP 对煤炭资源开发项目中存在的安全生产管理问题进行分析，并提出针对性的管理目标和对策措施。万晔等（2019）运用 ZOPP 对中缅经济走廊国际 PPP 项目政府与社会资本合作中存在的问题进行分析，构建问题树、目标树，并最终确定对策措施。

从国外学者的现有研究中看出，ZOPP 被运用于各个领域，起到分析问题、找到对策、突出目标导向的意义，但没有运用于公私合作模式方面的研究；国内文献中有多个学者对 ZOPP 运用于 PPP 模式实践问题进行研究，提出研究思路，但文献总量不多。通过对现有文献的研究，清晰认识了 ZOPP 的本质，具体掌握了其方法步骤与实践要点。ZOPP 可以运用于不同领域，但基本步骤、出发点是一致的，都是为了分析问题、明确目标、找到对策。ZOPP 的核心思想正好符合本书研究的需要，可贯穿于项目整个生命周期阶段分析具体问题，作为集成融资模式风险管理的有效手段。

## 2.3 本章小结

本章内容是展开研究的基础，主要包括两个部分：第一部分，对重要理论依据的剖析，包括 TOT 模式、PPP 模式内涵、运作流程、适用范围及二者的对比分析；ZOPP 的含义及操作流程、综合集成理论、项目区分理论的阐述；其他关键概念的界定。第二部分，对国内外相关文献进行分析与评述，根据研究的需要，重点对 TOT 模式、集成融资模式、ZOPP 方法的国内外现有文献进行综述。通过文献研究，发现 TOT 模式现有文献缺乏对风险动态管理的实施方案与技术方法的研究；集成融资模式现有文献研究的角度是项目的可分解性，不突出最主要的模式。这些已有研究的贡献与不足为本书的研究创造了条件与机会。书中提出的 TOT 项目集成融资模式，以风险的动态管理为视角展开研究，是对现有研究的完善与延伸。

| 第3章 |

# TOT 项目集成融资模式理论框架研究

## 3.1 TOT 项目集成融资
## 模式内涵的界定

1990 年初，钱学森等首次明确提出了综合集成法。综合集成既是一种"方法论"，也是系统综合集成的"过程"。综合与集成是一个相互交错、循环迭代、螺旋推进的过程。本书以综合集成理论为依据，从动态视角提出"TOT 项目集成融资模式"，该模式的内涵包括两个层次：

第一层次，体现为融资模式的集成，所谓集成融资模式就是将传统 TOT 与狭义 PPP 两种融资模式进行综合集成，贯穿于基础设施项目整个生命周期，根据项目的实际情况实现 TOT 模式与狭义 PPP 模式的动态转换，在这个集成融资模式中，核心是 TOT 模式，而狭义 PPP 模式的引入相当于调节者的作用，只为解决项目问题，以便更好地发挥 TOT 模式优越性。

第二层次，体现为项目要素的集成，在集成融资模式下，项目利益相关者的责、权、利以及项目风险分担，都随着项目生命周期的进展根据实际情况适时调整，目的是既实现利益相关方利益，也使项目整体效益最大化。因此，TOT 项目集成融资模式实现了项目利益相关者、项目风险、项目生命周期的综合集成。

可以说，TOT 项目集成融资模式既是一种融资模式，更是一种政府与社会资本方合作的机制。这种机制规定了合作双方必须进行项目全寿命周期的动态风险管控；这种机制保障了合作双方在出现争议、矛盾时可以通过"再谈判"程序，重新界定各自的责、权、利以及风险分担比例；这种机制允许在必要时可通过融资模式的转换，形成新的利益相关方合作关系；在这种机制下，通过各种要素的集成有效避免了合作中的机会主义行为。

## 3.2 TOT 项目集成融资模式概念解构

根据前面对 TOT 项目集成融资模式内涵的剖析，可以知道，TOT 项目集成融资模式就是以单一 TOT 模式为核心，通过与狭义 PPP 模式进行集成，而对项目系统要素实施有机、协调的组织，使项目在动态有序发展中实现绩效持续改善管理机制。

以综合集成理论为依据，遵循 TOT 与狭义 PPP 模式的本质特征，本书对 TOT 项目集成融资模式概念进行解构，构建其框架结构并分析其特点，以便有更加具体形象的认识，如图 3.1 所示。

图 3.1 中从左到右看，第一阶段，政府与项目公司 A 就基础设施项目 A 以 TOT 模式运作达成合作协议，政府将一次性获得一笔资金，社会资本方则获得基础设施项目一定期限内的经营权，通过运营获得收益；第二阶段，当项目出现重大风险因素而无法继续时，可以将解决问题的方案进行打包，政府再将新的项目内容（图 3.1 中项目 B）与项目公司 B 以狭义 PPP 模式运作达成合作协议，这一阶段政府会成为项目公司股东，参与项目建设、经营、分

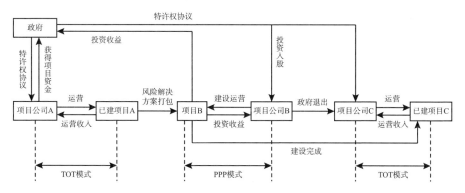

**图 3.1 TOT 项目集成融资模式框架结构**

担经营风险并获得投资收益；第三阶段，当问题解决完，项目再次满足 TOT 模式适用范围时，政府将退出项目公司 B，由具有新股权结构的项目公司 C 对基础设施项目 C 进行经营管理，并获取收益。由于在每一阶段的模式转换中，项目的利益相关者责、权、利及风险分担都会发生变化，项目公司的股东也可能发生改变，因此，图 3.1 中分别用项目公司 A、项目公司 B、项目公司 C 来表示；同时，每一阶段由于风险因素的影响使合作范围、合作内容发生变化，所以图 3.1 中分别用已建项目 A、项目 B、已建项目 C 表示，以示区别。

将图 3.1 与第 2 章中图 2.4 进行对比，可以看出集成融资模式比单一 TOT 模式更突显出以下优越性：

第一，集成融资模式下，基础设施项目可以根据内外环境的变化进行融资模式的转换，增强了管理的灵活性与环境适应性。在图 2.4 中，项目融资模式是唯一的，一旦签订特许权协议，政府与社会资本方将按照协议约定履行各自职责、承担相应风险，直到项目终止移交，但环境的变化使项目往往不能按照最初约定顺利实施；而图 3.1 中，在传统 TOT 模式中加入狭义 PPP 模式并进行集成管理，可以看到，狭义 PPP 模式的引入，其实质是对现有项目存在问题的打包解决，在集成融资模式中起到了一个桥梁的作用、一个调节矛盾的作用，问题解决完，项目将恢复 TOT 模式。

基础设施项目始终处于一个动态的环境中，构成项目目标的各种变量也是动态的，项目不会始终处于有序状态。如果采用单一 TOT 融资模式，一旦该模式无法应对环境改变带来的影响，目标偏离，项目将被迫终止，也就是本书所界定的项目失败，这样造成的损失是巨大的；而 TOT 项目集成融资模式，时时监控风险的发生、及时应对、降低影响，如果出现使项目陷入停滞状态的风险因素，则通过问题分析，启动再谈判程序，重新界定风险范围，转变融资模式，形成新的平衡关系，保障项目顺利实施。因此，集成融资模式更适应项目的动态特征。

第二，集成融资模式下，政府与社会资本方合作的项目领域、项目范围更加广泛。图 2.4 中，政府与社会资本方合作的项目内容是唯一不变的，且该项目严格符合 TOT 模式适用范围的要求；在图 3.1 中，由于融资模式的可变性，政府与社会资本方合作的项目内容、项目范围也可以变更，由只适合于 TOT 模式变为适合于 TOT 或狭义 PPP 模式。

这样更符合基础设施项目的内在要求。基础设施项目是为完成某一独特的产品或服务所作的彼此相互关联的任务或活动的一次性过程。相比一般经营活动，项目本身就存在较大风险。项目中包含有人、财、物、信息等要素，这些构成项目目标的各种要素是会随着时间的变化而发生改变的，也并不是所有的项目系统要素都可以被识别出来，在项目实施过程中会不断出现新的要素，或者之前被识别出来的要素其出现的可能性也会随时间而改变。因此，在项目生命周期中项目类型、项目范围是动态变化的因素，单一 TOT 模式是将这些因素进行了简单化、静态化处理，不符合项目内在要求，因此在实践中才会出现屡屡失败的案例。集成融资模式允许项目类型、项目范围的变更，更加符合项目的内在变化规律。

第三，集成融资模式下，项目利益相关方实现动态治理。政府参与项目的角色、项目公司的股东构成随着项目进展呈现出动态性。在图 2.4 中，政府只是作为项目监督者，项目公司股东构成不变；而在图 3.1 中，政府可以只是监督者（TOT 模式），也通过投资入股成为项目经营管理者（狭义 PPP 模式），随着政府角色的转变，项目公司股东构成也发生改变，这种改变将通过利益相关者责、权、利及风险分配的调整得以体现。通过动态治理，各利益相关方目标更加协调、统一，有利于项目顺利执行。

# 3.3 TOT 项目集成融资模式运行机制分析

## 3.3.1 TOT 项目集成融资模式运行机制架构

所谓 TOT 项目集成融资模式运行机制就是明确该模式下各要素的功能、要素之间的相互联系、相互作用的关系，是引导和制约项目活动的基本准则，实现项目整个生命周期内要素的自我调节，从而可以使项目活动有序、高效地运行，增强项目内在活力和对外应变能力，最终实现项目目标。

TOT 项目集成融资模式是一种知识领域或思想领域的综合集成，通过这种集成可以产生新知识、新思想和新方法。在单一 TOT 模式中引入狭义 PPP 模式，项目实施过程中根据具体情况将二者结合起来交替使用，从而达到项目风险最低、综合效益最大的目的。相对于单一融资模式，TOT 项目集成融资模式涉及更多的因素、更加复杂的相互关系。TOT 项目集成融资模式的运行机制如图 3.2 所示。

通过对图 3.2 进行解析，集成融资模式运行机制包含以下几方面核心内容。

（1）通过初次谈判实施 TOT 模式。这里的"初次谈判"不是数量的概念，强调的是政府与社会资本方就基础设施项目以 TOT 模式合作而进行的谈判工作，在确认合作之前，中间可能会经历多次谈判，所以本书中的"初次谈判"是指"政府与社会资本方签订特许经营合同时进行的谈判"。初次谈判结束，政府与社会资本方各自应承担的风险份额将在合作协议中明确定义，即初始风险边界。

（2）项目运营情况跟踪。在 TOT 项目实施的整个生命周期里，时时跟踪项目的运行情况，采用特定的指标对项目运行效率进行衡量，如果出现偏差或没有达到预期目标则应给予重视，并做进一步分析。在 TOT 模式下，政府是将公共基础设施一定期限内的经营权转让给社会投资者，政府更加看重的是社会效益，投资者参与合作的根本目的是获取稳定的投资收益，项目能否

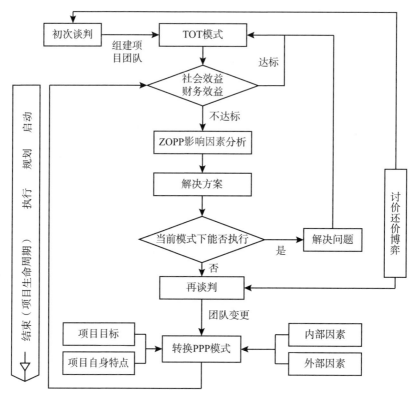

图 3.2　TOT 项目集成融资模式运行机制

获得稳定的现金流量直接关系到合作的成败，因此，书中将"社会效益、经济效益"作为判断指标。在跟踪过程中一旦发现项目没有实现预期的社会效益与经济效益则需进一步分析存在问题及原因。

（3）基于 ZOPP 的风险因素分析。在项目跟踪过程中，如果运行结果没有达到判断指标的要求，则以 ZOPP 为研究路径对项目存在的风险因素进行分析，找到关键风险因素并规划应对方案（详见本书第 5 章）。

（4）政府与社会资本方的再谈判。再谈判是指政府与社会资本方在签订特许权协议后，因为内外环境的变化、风险因素的作用使得项目运行出现困难，双方不得不就合作相关事宜进行再次谈判（详细概念见本书第 2 章第2.1.6 节）。对关键风险因素的应对可能导致合作双方所承担的风险份额超出初始边界，原有的平衡状态被打破，此时，就需要通过再谈判进行风险重新分配，项目利益相关方责、权、利重新约定，以达到新的平衡。

（5）转换融资模式。依据上述分析，再谈判之后，项目利益相关方将重新识别并确定风险边界，由于特定的融资模式有与其相对应的风险边界，这时必须进行融资模式的转变，否则，再谈判形成的方案将无法落实，也无法实现新的平衡。

如果新融资模式下项目社会效益、经济效益评价良好，政府便可以将新的已建成项目再次转变为 TOT 合作模式，继续发挥 TOT 模式的价值。TOT 项目集成融资模式就以上述这样的运行机制贯穿于整个项目生命周期。

### 3.3.2 集成融资模式运行机制对传统 TOT 模式的改进

将图 3.2 与图 2.1 相比，集成融资模式运作机制有以下几方面亟须改进：

（1）集成融资模式运行机制更加重视项目绩效的评价与反馈。本书第 2 章图 2.1 中，单一 TOT 模式运作程序是依次单向执行的，缺乏反馈机制。而集成融资模式运行机制中设计有项目绩效评价环节，即：社会效益评价与经济效益评价，并将评价结果其作为风险预警信号，有助于及时发现问题，是对前期阶段规划、实施的反馈。就是在这样循环往复的过程中实现了基础设施项目绩效的持续改善。

（2）集成融资模式运行机制更加重视全寿命周期的风险管理。图 3.2 最左边所表示的是项目生命周期各阶段，表明运行机制中的每一个流程、每一个环节将在项目生命周期每个阶段不断循环，直至实现项目目标。问题分析与问题解决是运行机制的核心，是推动机制运转的动力。该运行机制在项目生命周期每个阶段都将进行风险管理。

（3）集成融资模式运行机制中设计有项目再谈判程序。图 3.2 中，在融资模式转换前，政府与社会资本方将进行再谈判。并不是所有潜在风险都要政府与社会资本方进行再谈判，毕竟再谈判也有成本投入，不恰当的再谈判不但不能解决问题，反而会降低项目绩效水平。运行机制以 ZOPP 作为问题分析的路径，找到关键问题及解决方案，当解决方案会导致项目利益相关方责、权、利变更时，才需要进行再谈判，因此，可以说 ZOPP

对项目关键影响因素的分析结果将成为再谈判的触发点。再谈判阶段，项目利益相关者将对各自应承担的风险和所获得的收益展开讨价还价博弈，并达到新的均衡。项目融资模式的改变可以从制度上、程序上、法律上为政府与社会资本方的新合作关系提供保障。可以说，融资模式的转换是"再谈判调解措施"。

### 3.3.3　集成融资模式运行机制的集成机理

#### 3.3.3.1　风险分析是要素集成的线索

集成融资模式进行多要素、多维度、多模式的集成管理，其目的就是为了更有效地应对项目风险，实现项目目标。因此，风险管控是集成融资模式运行机制的核心。伴随着项目生命周期阶段的发展，外部环境的变化、项目自身的进展，总是会出现许多不可预知的问题。集成融资模式以 ZOPP 为工具，通过识别问题、分析问题找到相应对策并进行项目规划，当涉及风险重新分配时，项目利益相关者的利益分配也发生改变。围绕这些问题的处理，推动项目利益相关者进行再谈判，再谈判的结果往往是参与各方责、权、利发生改变，于是初始特许权协议将更改，融资模式必然要进行调整，否则将与项目的内外部环境、项目自身特点不相适应。这样，项目生命周期、风险管理、利益相关者各要素之间就呈现出了循环往复，螺旋上升的状态。因此，基于 ZOPP 对项目风险的识别、分析是项目集成管理的线索，是各要素动态集成的纽带。

#### 3.3.3.2　要素集成的霍尔三维模型

集成管理是项目管理的精髓，也是项目管理取得成功的关键。图 3.2 中可以看出，集成融资模式运行机制是以时间为主线，以风险管理为线索，通过对利益相关者责、权、利的动态调整，最终实现项目目标。因此，运行机制中的所有要素可以归纳为三个方面，即项目生命周期、风险管理、利益相关者。为了清晰描述这三方面要素的相互关系，本书以美国系统工程专家霍尔（Hall A D）提出霍尔三维结构为理论依据，构建 TOT 项目集成融资模式要素集成的三维模型。项目利益相关者责、权、利相关内容作为空间维；项目风险管控相关内容作为逻辑维；项目生命周期各阶段相关内容作为时间维。三个维度要素的集成可以用函数表示为：$S_{K-L-T} = F(K_i, L_i, T_i)$。其中，$S_{K-L-T}$ 表示项目总目标水平，$K_i$ 表示项目利益相关者努力程度（空间维），$L_i$ 表示项目风险影响状况（逻辑维），$T_i$ 表示项目进度情况（时间维）。随着 $T_i$ 的变化，当 $L_i$ 发生改变，通过对 $K_i$ 的调整，可以保持项目目标值的不变，即实现项目目标，这就是集成融资模式所解决的问题。本书将通过对霍尔三维模型的剖析揭露各要素之间相互影响、相互牵制的内在联系（详见本书第4 章）。

### 3.3.3.3 要素集成的博弈模型

集成融资模式的运行机制主要解决政府与社会资本方在基础设施项目合作过程中，合作内容、合作范围、合作方式变更后重新达到均衡的问题。运行机制中不论是初次谈判还是再谈判，其实质就是探讨政府与社会资本方为达成一个具有约束力的协议而相互作用的行为，是合作博弈问题。政府与社会资本方进行合作时不是各自独立地选择策略，而是在联盟中共同协调的参与策略。谈判过程中，政府与社会资本方都倾向于最大化自身利益，只有在各自的利益目标与需求得到满足时，谈判才能达成一致，这是典型的讨价还价博弈，并且是一个二人讨价还价博弈。在该博弈中，政府与社会资本方分别是局中人 1 和局中人 2。结果集合为 $S$，由可行备选方案组成，包括谈判破裂 $d$ 这个可行备选方案，即 $d \in S$。每个局中人 $i$ 在结果集合 $S$ 上定义的效用函数为 $u_i$，那么可以将这个二人讨价还价问题记为 $B = (S, d; u_1, u_2)$，对任意结果 $s \in S$，$u_1(s) \geqslant u_1(d)$，$u_2(s) \geqslant u_2(d)$，即两个局中人谈判破裂时效用都是最低的。至少存在一个 $s \in S$，使 $u_1(s) > u_1(d)$，$u_2(s) > u_2(d)$，即至少有一个结果给两个局中人带来的效用要大于谈判破裂时的效用。本书第 6 章将对这部分内容进行详细论述。

# 3.4 TOT 项目集成融资模式
# 实施的重要支撑条件

作为一种创新的融资模式，其顺利运行需要具备一定的前提条件。通过对当前公私合作模式成功与失败案例进行分析总结，得出 TOT 项目集成融资模式成功实施需要如下重要支撑条件。

## 3.4.1 营造科学透明、系统全面的政策环境

通过对本书第 1 章表 1.4 中 17 个失败案例的研究发现，政府因素对于项目的成功具有至关重要的作用，而政策的稳定性则直接影响到项目的成败。

科学透明、系统全面的政策环境是改善项目融资软环境的重要标志之一。结合实际发展需要，在完善已经出台各项政策的同时，围绕改善发展软环境的需要，适时制定和出台一系列易于理解、便于操作的政策措施，着力改善当地的投资环境，构建一个有利于各地经济社会发展的政策环境。

第一，应建立健全政策征询和反馈制度，保证政策稳定。建立独立的政策咨询和听政专家组，在调整政策或者发布新政策之前，要多听取专家的意见；政策实施前要做好宣传解释的工作；避免政策更改的随意性，保持政策的稳定性，对现行政策的执行落实情况进行检查，保证有关政策得到严格执行和落实。

第二，建立政策公开机制，增强政策的透明度。除需要保密的事项外，各级各部门应通过政府公报、政府网站、公示栏等形式，向社会公开本单位职责、管理权限、审批事项、办事流程、监督投诉方式等制度性信息；将社会经济发展规划、经济结构调整计划、产业发展规划、重点招标、投标项目和相关法规、规章及政策措施向社会公布，从而增强政策的透明度。

第三，完善政策的监督、协调、沟通机制。建立专门的政策监察机构，对各级政府出台的各项政策贯彻落实情况进行检查，确保那些政策不到位、

承诺不兑现等问题能够被及时发现和解决；建立政策落实责任追究机制，保证政策的持续性和稳定性。各部门研究制定政策时，要主动和相关部门沟通，保证政策相互配套、便于操作，防止政出多门，相互冲突。

## 3.4.2  健全法制、创建公平公正的法制环境

TOT 项目集成融资模式需要在不同融资模式之间进行转换，相比单一融资模式其涉及的法律关系、法律问题更为复杂，如投资主体的变更、参与股权的变化、特许经营形式的变化、政府角色变化等，这些都对国家的法律法规提出更高的要求，一个完善的法制环境至关重要。

法制是发展环境的基础，健全法制、创建公平公正的法制环境是改善发展软环境的重要保障。为引资工作营造良好的法制环境。

### 3.4.2.1  结合国家政策法规，完善地方性法规和政府规章

国家应对政府和社会资本合作项目进行全国统一立法，同时，为了最大限度地与当地情况相符，还需要针对某一具体项目或地区进行专门的调整，即单项立法及制定地方规章。

我国公司合作模式立法在 2016 年 7 月 7 日全部交由国务院法制办统筹主导，并在 2017 年 3 月 20 日由国务院办公厅出台《关于印发国务院 2017 年立法工作计划的通知》，有望实现全国统一立法。财政部、国家发展改革委、国土资源部分别下发的"通知""工作导则""工作指引"中都认可了"PPP ＋ 土地"模式。这些都为本书分析的"TOT 项目集成融资模式"创造了良好的法治环境。

### 3.4.2.2  加强制度建设和标准化建设

将私人资本引入基础设施领域的公私合作模式如果操作不当或者考虑不够全面就会使国有资产的产权及其价值受到威胁，如何使国有资产在政府与社会资本合作过程中不仅实现保值增值，而且保证产权的清晰是政府应该始终关注的问题。所以，在公私合作模式中应以产权交易相关法规为基础建立

起完善的产权交易相关的规章制度及标准的操作程序，着力使产权交易工作规范化、标准化、程序化、科学化，既能使受让人的权利得到相应的保证，又能使国有资产得到很好的保护。

### 3.4.2.3 加强行政执法行为的规范化、不断提高执法水平

应该对每一个执法机构、执法岗位的工作内容、具有的权限、执法程序以及相对应的责任进行明确规定，完善行政执法责任制并认真落实。对执法机构和执法队伍的建设要进一步加强，为了减少行政执法中的随意性，真正做到依法行政，要不断加强行政执法人员的培训和教育，使其业务素质和执法水平得到提高。

### 3.4.2.4 对行政执法监督机制进行完善

应该对行政执法监督机制进行不断的完善，建立起职责明确、操作规范、执行有效的监督体系，实现专门监督与社会监督相结合，确保公正执法。

## 3.4.3 有具体的管理和推动部门

本书探讨的 TOT 项目集成融资模式运行的关键点就在于项目跟踪，及时发现问题并对融资模式做出必要调整，完全依靠民间投资者是无法办到的，需要有专门的管理部门给予支持、关注、指导、推动。在英国，政府商务办公室的 Private Finance Unit 为国家 PPP 的政策单位，整体项目实施策略、项目实施及合同管理作业程序由该机构负责制定，除此，该机构还通过开发相关软件为地方政府具体实施提供协助，定期检查各部门的实施过程、技巧及能力并公开信息以供各界参考。

在我国，国家发展改革委和财政部于 2016 年 7 月 7 日就 PPP 项目的管理明确了各自的权责及分工，传统基础设施领域 PPP 项目由国家发展改革委负责，公共服务领域 PPP 项目由财政部负责。接着两部委都相继出台了公私合作模式相关的"通知""工作导则""暂行管理办法"，这对公私合作项目的实施具有较好的指导、规范作用，在一定程度上为本书提出的"TOT 项目集

成融资模式"提供了组织保障。

### 3.4.4 提高操作程序的透明度

TOT 项目集成融资模式的成功实施需要透明的环境和操作程序，一方面是东道国政府在招标、行政体系等方面要对 TOT 项目、狭义 PPP 项目的受让方透明，项目的受让方在经营管理以及项目设施的运行状态等方面要向东道国政府公开；同时，在经营权价格的计算和合同条款的制定等方面双方应该协商一致、相互认可，这样项目才会在良好的氛围中进行，达到较好的效果。因此，在提高透明度的操作程序方面应注意以下几个方面：

（1）提高招标投标和评标的透明度。首先，招标条件应透明化，保证所有有能力的竞标者能够公平地参与竞争；其次，在招标手段上可以借助现代化手段，实行网上招投标；最后，建立评标专家的数据库和检索系统，在进行招标时用户可以随机选取专家，使招标透明度提高。

（2）行政体系必须是透明和有效的，做到审批部门清晰，程序清晰。

（3）资产评估工作规范。项目资产评估必须公正才能既激活国有资产存量，又激发投资者的热情。一方面，需要强调资产评估机构和人员保持独立的地位，与项目资产交易的各方当事人没有任何利益和利害关系，这是公正性的组织基础；另一方面，应该按照公允、法定的准则和规程进行项目资产的评估，公允的行为规范和业务规范是公正性的技术基础。

（4）合理确定转让价格和期限。

（5）要做好基础设施项目特许权移交后的监管与控制。目前，TOT 项目特许权移交后，政府主要采取以下三种方式进行监管：第一种方式是由政府方选派专业人员进入由中标单位组建的项目公司，这些进驻的人员通常都是项目管理方面的专家，他们能够及时发现并反馈项目运行中的问题，从而达到监控的目的。第二种方式是政府方和项目中标方都分别选派合适的人员进入项目公司，而且这些人员将一起合作成立相对独立的监管与控制部门，负责监控工作。第三种方式是由政府聘请专业的咨询顾问或者咨询公司来对项目实施监管与控制。

（6）对项目的移交管理实施监管与控制。目前，对 TOT 项目移交过程的管理，项目所在国政府主要通过以下四种方式来实施监控：第一，单方直接监管模式；第二，双方共同监管与控制模式；第三，直接由第三方进行监管与控制模式；第四，"保证书"监管模式。

### 3.4.5 规范、完善的特许权协议

特许权协议是 TOT 项目集成融资模式项目实施的基础性文件。随着融资模式的转换，特许权协议中东道国政府和私人投资者的权利和义务也随之发生改变。特许权协议的规范与完善程度直接影响到项目的顺利实施。因此，政府相关部门应根据国家的相关政策以及已经成功实施的公私合作项目的有关条款，编制《基础设施项目公私合作模式特许权标准协议》的范本。

### 3.4.6 建立健全公私合作模式退出机制

TOT 项目集成融资模式在运行中存在不同融资模式之间的转换，必然会带来项目利益相关者的改变，特别是特许经营合同的双方当事人，社会资本方会在项目特定阶段进入或退出项目。政府不仅要管理好如何引进社会资本参与基础设施建设，更应该设计出健全的退出机制指导社会资本正常退出。科学完善的退出机制直接影响到社会资本的利益，缺乏健全的退出机制会使社会资本望而却步。近几年，我国也开始重视起公私合作模式中社会资本的退出机制问题，并颁布了相关的规范性文件给予指导。例如：在 2014 年 9 月 23 日颁布的《关于推广运用政府和社会资本合作模式有关问题的通知》中强调政府和社会资本合作退出安排是非常关键的；在 2014 年 11 月 16 日颁布的《国务院关于创新重点领域投融资机制鼓励社会投资的指导意见》中提出要健全退出机制；在 2014 年 11 月 29 日颁布的《财政部关于印发政府和社会资本合作模式操作指南（试行）的通知》中对项目移交时的关键问题做了重点说明；在 2014 年 12 月 2 日颁布的《国家发展和改革委员会关于开展政府和社会资本合作的指导意见》中着重强调通过项目合同的事先约定做好社会资

本退出工作，其中也提到要使退出渠道多元化、规范化、市场化的问题，比起前面的几个文件更加详细一些；在 2016 年 8 月 30 日颁布的《关于做好传统基础设施领域政府和社会资本合作工作通知》中提出要构建多元化的退出机制，丰富退出渠道。总体而言，这些已有的规范性文件为退出机制的构建奠定了良好基础，但还需要制定出更加具体关于如何退出的操作程序、不同项目类型相对应的退出途径等，并将其上升为法律的高度。

## 3.5 本章小结

本章主要对书中所提出的 TOT 项目集成融资模式理论框架进行研究。首先，对 TOT 项目集成融资模式内涵进行界定，阐明该模式既是对项目要素的集成，也是对多种融资模式的综合集成；其次，为了形成对集成融资模式内涵更加清晰、具体的认识，本章构建了该模式的逻辑框架，从而形象地展现出该模式核心思想；再其次，集成融资模式的提出最终也要投入实践，因此，这一章为集成融资模式设计了运行机制，为实践提供思路；最后，结合当前公私合作模式实际运用情况，提出集成融资模式实施应该具备的重要支撑条件。本章从总体上解决了集成融资模式"是什么""做什么""怎么做"的问题，为后续章节的研究奠定基础。

# 第4章

# TOT 项目集成融资模式要素集成的三维模型研究

集成融资模式的运行机制是通过在基础设施项目中的运用展现出来，该模式的功能发挥是以基础设施项目为载体得以体现，本书对集成融资模式内在机理进行分析也将依托基础设施项目进行。因此，本章及后续章节是从基础设施项目的视角展开讨论。

## 4.1 TOT 项目集成融资模式的三维模型构建

### 4.1.1 三维模型的空间结构

美国系统工程专家霍尔（Hall A D）在 1969

年提出霍尔三维结构，是一种系统工程方法论，他认为整个系统工程涉及的活动可以被分为时间维（系统工程活动从开始到结束的时间顺序）、逻辑维（每一阶段要完成的工作内容和思维程序）和知识维（解决系统问题所需要的综合知识），并组成三维空间结构。

在 TOT 项目集成融资模式运行过程中，项目在不同生命周期阶段面临不同风险因素。为了项目能顺利实施，这些风险因素必须采取措施进行规避或者在政府与社会资本方之间进行合理分配。政府和社会资本方对风险的承受能力主要受收益大小、投入大小和各自所处地位与拥有资源的影响，可以说风险是利益的代价，利益是风险的报酬，承担风险不同所获收益也不同，在项目中的权利、义务不同，双方合作方式也就不同。可以看出，尽管项目生命周期、项目风险、利益相关者是三个不同方面的问题，但它们之间有着错综复杂的联系。因此，本章以霍尔三维结构理论为依据，构建 TOT 项目集成融资模式的三维模型空间结构，如图 4.1 所示。

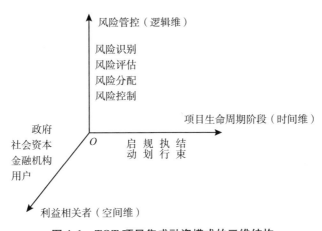

**图 4.1　TOT 项目集成融资模式的三维结构**

图 4.1 中的三维结构形象展现出集成融资模式所包含的要素类别及其关系。空间维主要包括项目利益相关者责、权、利相关内容；逻辑维主要包括项目风险管控相关内容；时间维主要包括项目生命周期各阶段相关内容。通过对三维结构各维度及其之间相互影响、相互牵制关系的剖析可以使集成融

资模式解构，从而清晰呈现出基础设施项目要素在该创新模式下相互交错、循环迭代、螺旋推进的过程。

## 4.1.2　空间维要素分析

### 4.1.2.1　项目利益相关者权、责分析

项目利益相关者是指那些积极参与该项目或是项目的实施会对其利益带来影响的个人或组织。一般情况下，TOT 项目集成融资模式的项目利益相关者包括政府、社会资本、SPC、金融机构、咨询公司、工程承包公司、原材料供应商、用户等，他们各自在项目中充当不同角色，承担不同职责。

（1）政府在项目中的权、责。

在 TOT 项目集成融资模式中，政府是项目的发起人，政府会给予项目某些特许经营权、给予项目一定程度的贷款担保用以支持项目的融资需求。通常情况下，政府将最终拥有项目，其主要发挥以下职责：第一，选择项目并确定投资主体。政府需要选择能以 TOT 项目集成融资模式运作的项目。此外，政府还要通过项目招标的程序，确定项目投资主体。第二，为项目提供必要的保证。政府通常要为项目提供必要的能源，如土地、水、电等后勤供应保证；当政府是基础设施项目唯一的购买者时，政府需要和项目公司签订长期项目产品购买协议，为项目收入提供保证。第三，对项目进行监督。政府有必要对合同的签订过程以及实施过程进行监督。第四，参与项目直接投资或提供项目贷款。基础设施项目都需要巨大的投资，当社会投资者无法满足项目全部的资金需求时，政府可能会对项目进行直接投资，并按照相应股份参与项目最终的利润分配，政府也可能给项目提供贷款。第五，给项目提供信用担保，承担相应的项目风险。为了取得贷款资金，政府会以项目担保人的身份以财政资金或者其他资产作为抵押向银行提供担保。第六，给项目提供法律的保障与政策的支持。政府应针对实践中的问题，不断完善相关的法律法规，明确有关部门的职责，规范项目运作的程序，为项目运作提供指

导与法律依据；同时，政府还需要给予项目税收优惠、相关配套设施改革等充分的政策支持。

（2）社会资本在项目中的权、责。

通过政府相关机构的资格预审、招投标之后，社会资本获得与政府合作开发基础设施项目的特许权，对项目进行资本投入和融资，并负责项目建成后的经营、管理、维护等。

（3）特殊目的公司在项目中的权、责。

特殊目的公司（Special Purpose Company，SPC）是为特定的项目而专门组建公司，也称为项目公司。SPC 从政府或者有关机构获得基础设施项目特许经营权，是项目的执行者。通常情况下，SPC 是由 1~2 个私人或者私人实体发起，这些发起人会召集 SPC 成员，通过入股的方式加入，政府也可以成为 SPC 成员，但所占股份常较小。在项目投标以前，SPC 成员需要对"联合成立项目公司"一事达成共识，对于各自的出资比例和出资形式是以所签订的合同进行确定。当项目特许经营期结束，项目的所有权、经营权将转移给政府，SPC 随之清算并解散。

在项目运行过程中，SPC 的主要职责是：第一，负责项目的投标与谈判。第二，对项目进行开发、运营并移交。项目的融资、设计、建设是 SPC 通过与银行、金融机构、设计单位、建设单位、咨询单位等合作得以完成的。项目建设完工以后，在特许期内，SPC 将进行项目的运营，并以经营项目所获得的收益偿还贷款、上缴税金、向各合作者分配利润。特许期结束以后，SPC 将依照合同的约定将项目移交给政府。第三，保证项目产品的质量。基础设施项目建成后最终将服务于社会公众和政府，所以，在整个项目运营期内，SPC 都应对项目进行必要的维护和保养，保证基础设施项目产品的质量，使其尽可能满足使用者的需求。

（4）银行和金融机构在项目中的权、责。

作为利益相关者，银行和金融机构主要是给予项目资金支持和信用保证。在公私合作模式中，给项目提供贷款的主要是国际金融机构、信托投资机构、商业银行等，其中，政府的出口信贷机构、世界银行或者地区性开发银行的政策性贷款发挥着非常重要的作用。银行和金融机构在项目中的主要职责如下：第一，为项目提供资金支持；第二，给予项目信用保证。SPC 有多个参与者，他们的信用、能力、实力等都会对项目的成功与否产生直接影响，进而影响到项目偿还贷款的能力。为了能顺利收回贷款，贷款人通常都会要求 SPC 或者其参与者提供由其他银行或者信誉比较好的企业开出的履约保函或者担保函，以此来避免或者降低贷款偿还的风险。

（5）咨询公司在项目中的权、责。

TOT 项目集成融资模式下，基础设施项目的参与者众多、资金来源复杂、不确定性因素比较多，在项目的整个生命周期内都需要咨询公司的协助，为项目实施提供指导。咨询公司主要发挥以下职责：第一，提供政策方面的咨询，协助 SPC 在既定的政策环境下设计项目框架，从而有效规避项目政策风险；第二，协助确定融资方案；第三，协助制定风险管理方案，采用集成融资模式的项目中蕴含着众多风险，一个经验丰富的咨询公司可以更加准确地对项目整个生命周期中可能存在的风险作出判断，指导风险在各参与方之间进行合理分配，形成有效的风险管理方案；第四，协助选择合作伙伴，项目运行中需要设计单位、建设单位、监理单位、维护保养单位等参与其中，咨询公司可以在 SPC 选择合作伙伴过程中给予帮助，从而有助于选出信誉卓越、技术精专的合作者。而且，一个好的财务顾问可以在 SPC 进行市场分析与预测的过程中提供专业的建议，使项目能更好地规避市场风险。

（6）基础设施项目用户在项目中的权、责。

基础设施项目的用户是社会公众和政府，在 TOT 项目集成融资模式下，项目提供给用户的服务都是有偿的，项目用户的付费构成项目收益的主要来源。据项目类型不同其付费方式也各不相同。政府购入型项目的付费通常是以税收的形式实现；独立运营型项目的付费则是依据用户使用项目服务的时间和数量直接向 SPC 交费的。此外，社会公众还能够发挥监督的作用，监督项目服务的质量，并向有关部门反映自身对项目服务提出的新需求，从而推动基础设施服务的质量不断提升。

（7）项目合作伙伴在项目中的权、责。

在项目运行过程中涉及大量的、不同专业领域的活动，SPC 需要借助与相关单位的合作才可以使项目顺利完成，主要包括设计单位、建设单位、保险公司、运营公司、维护保养公司、材料供应商等。这些合作伙伴在项目中依据合同主要负责与自己相关的专业活动，如设计单位负责项目的规划设计、维护保养公司负责项目的维护保养等，并获得相应报酬。SPC 与这些合作伙伴的良好协调和密切配合是基础设施项目得以成功的重要基础。

### 4.1.2.2 项目利益相关者所获利益分析

不论采用任何一种融资模式，基础设施项目都存在着巨大的投入，人力资源、资金、时间、土地等，给利益相关者带来的价值也不同。TOT 项目集成融资模式下，政府部门主要关注项目的社会效益，而社会资本方则主要关注项目的经济效益，各参与方利益的集成就是项目总效益。对社会效益与经济效益的评价除了使政府与社会资本方了解自身利益的实现情况，更重要的意义在于发现项目是否存在潜在风险，具有风险预警作用。

（1）社会效益评价。

社会效益是指项目实施及项目成果对社会系统的贡献或影响。基础设施项目总是在一定的社会经济环境下、一定的区域范围内开展，其实施不仅会对项目直接参与者（政府、私人投资者、建造商、金融机构等）产生影响，而且会对项目产品使用者（社会公众）产生影响，当然，还会对整个项目区域经济发展状况、居民就业等产生影响。社会效益评价需要将项目对社会系统产生的各种影响进行量化，并借助一定的计算公式得出评价结果。

①社会效益评价指标选取。

基础设施项目的建设本身就是为了促进社会经济发展、提高社会公众福利。赵国富、王守清（2007）在其研究中指出应该以宏观经济与社会视角为出发点对 BOT、PPP 项目的社会效益进行评价，评价指标主要包括自然资源综合利用、就业效果、单位投资占用耕地、改善基础设施状况、扶贫与脱贫指标、特许权协议的履行等。叶敏（2008）在其研究中将风电建设项目社会效益评价指标划分为自然环境影响、社会经济影响、社会环境影响三大类，并构建分层指标体系。彭运芳（2003）在其研究中提出应该从生态环境、交通便捷、就业效果、居民生活改变、社会稳定这些方面对投资项目的社会效益进行评价。杨佩佩（2008）认为对公路建设项目的社会效益评价应该分为促进社会经济发展指标、促进社会发展指标、促进对外交流指标、促进政治稳定程度指标、促进科学技术进步指标、环境影响指标。通过对大量文献及实际案例的研究，本章提出从居民受益情况、带动区域发展、其他社会贡献三个方面确定社会效益评价指标。

第一，居民受益情况方面指标。基础设施项目的实施会对实施区域的居民带来一定程度的影响，因此，对居民受益情况的分析能够直接反映出项目的社会效益。就居民受益情况这个方面来说，研究中选择了如下指标：

一是项目的受益人数。这个指标反映的是能够在基础项目实施中受益的人数，是从"面"的角度衡量社会效益。受益人数越多，受益面越广则社会效益越好；反之则越差。

二是项目区域内群众参与项目的程度。这个指标通过对项目区域内公众能够参与项目的程度，或者说是项目与公众的融合程度来评价项目的社会效益，是从"深度"的视角进行评价。公众参与程度高，说明项目获得区域内群众认可，公众价值也能得以体现，社会效益也较好；反之则较差。

三是项目为项目区域内提供的就业机会。指为项目区域内提供就业机会将使区域内公众直接受益。提供的就业机会越多则社会效益越好；反之则越差。

四是项目对项目区域（特别是农村）妇女地位提高的贡献。在贫穷落后的地区，由于传统重男轻女观念的影响，女性受教育机会、获得发展的机会等都相对较少。基础设施的建设能够带动当地社会经济的发展，加强项目区域与外界的交流，促进项目区域居民思想观念的转变。如果项目的实施能使区域内妇女地位得到提高，则表明该项目社会效益良好。

第二，带动区域发展方面指标。任何一个基础设施项目总是在一定区域范围内实施，能否带动区域发展也是衡量一个项目社会效益的重要体现。对带动区域发展这个方面的评价，研究中选择了如下指标：

一是项目区域内的优势发掘程度。在基础设施项目的带动下，项目区域内的许多优势资源将会被发掘出来，例如，农副产品交易、旅游等，这些优势资源的开发与利用将有助于促进区域快速发展，因此选取了"项目区域内的优势发掘程度"作为评价社会效益的指标。

二是项目对项目区域内扶贫的贡献程度。项目区域内经济发展水平制约着区域的总体发展，如果基础设施项目的建设能够促进区域内的经济发展，提高区域内居民的经济收入，改善居民的贫困状况，则这样的基础设施项目具有良好的社会效益。

三是项目区域管理能力提高程度。基础设施项目的建设与运营将会涉及对项目区域的长远规划与合理布局，新的融资模式、新的管理理念、新的规划布局能否促进项目区域内资源的有效配置，提高区域管理能力，对区域发展具有至关重要的意义。因此，研究中选择了"项目区域管理能力提高程度"作为社会效益评价指标。

第三，其他社会贡献方面指标。基础设施项目的实施还会对项目区域内及整个社会产生其他方面的影响，研究中将其归纳为如下指标：

一是项目区域内"土著知识"的保护与利用程度。基础设施项目的建设加强了项目区域与外界的联系与交流，一方面促进了当地文化的对外传播，另一方面也使得区域内的社会文化呈现出多元化，不利于区域特色文化的传承。项目的实施能否发挥对当地特色文化的合理利用与保护也是项目社会效益的体现。

二是项目对区域社会稳定的贡献。基础设施项目实施的根本目标就是促进发展，一个不稳定的社会环境无法考虑发展问题，因此，项目对区域社会稳定做出贡献的程度决定了其根本目标实现的程度，体现出了项目社会效益的大小。

三是项目为类似其他区域发展提供的经验和模式。项目的实施及其对项目区域带来改变与影响如果不仅能使本区域受益，还能够为其他类似区域的发展提供经验与借鉴模式，这将会扩大项目的受益面，增加项目附加价值，在前面已有的基础上为项目社会效益加分。

②社会效益评价指标体系。

将上述各项指标进行归纳，得到社会效益评价指标体系，如表4.1所示。

表4.1 社会效益评价指标体系

| 总目标 | 准则 | 评价指标 |
|---|---|---|
| 社会效益 | 居民受益 | ①项目的受益人数 |
| | | ②项目区域内群众参与项目的程度 |
| | | ③项目为项目区域内提供的就业机会 |
| | | ④项目对项目区域（特别是农村）妇女地位提高的贡献 |
| | 带动区域发展 | ⑤项目区域内的优势发掘程度 |
| | | ⑥项目对项目区域内扶贫的贡献程度 |
| | | ⑦项目区域管理能力提高程度 |
| | 其他社会贡献 | ⑧项目区域内"土著知识"的保护与利用程度 |
| | | ⑨项目对区域社会稳定的贡献 |
| | | ⑩项目为类似其他区域发展提供的经验和模式 |

③社会效益评价指标的量化与综合评价方法。

由于这些社会效益评价指标很难用货币或其他实物进行量化，通过分析比较，研究中选择了德尔菲法对社会效益的各项评价指标进行量化评分。实施过程中邀请7~9位具有"社会学""生态学""经济管理学"背景的专家，以上面10个指标为评价的依据，多次全面地讨论项目实施对各项指标的贡献程度，最终以专家对各项指标的评分来衡量项目的社会效益。其中10个指标对不同区域表现的重要程度不同，即为权重，对各项指标的赋权采用层次分析法（AHP）。社会效益具体评价指标量化方法如表4.2所示。

表4.2 社会效益评价指标量化方法

| 社会效益评价指标（$j$） | 评价指标权重（$W$） | 专家打分（$C$） | | | 专家打分合计 |
|---|---|---|---|---|---|
| | | 社会学（$i$） | 生态学（$i$） | 经济管理学（$i$） | |
| ①项目的受益人数 | | | | | |
| ②项目区域内群众参与项目的程度 | | | | | |
| ③项目为项目区域内提供的就业机会 | | | | | |

续表

| 社会效益评价指标（$j$） | 评价指标权重（$W$） | 专家打分（$C$） | | | 专家打分合计 |
|---|---|---|---|---|---|
| | | 社会学（$i$） | 生态学（$i$） | 经济管理学（$i$） | |
| ④项目对项目区域（特别是农村）妇女地位提高的贡献 | | | | | |
| ⑤项目区域内的优势发掘程度 | | | | | |
| ⑥项目对项目区域内扶贫的贡献程度 | | | | | |
| ⑦项目区域管理能力提高程度 | | | | | |
| ⑧项目区域内"土著知识"的保护与利用程度 | | | | | |
| ⑨项目对区域社会稳定的贡献 | | | | | |
| ⑩项目为类似其他区域发展提供的经验和模式 | | | | | |
| 专家打分合计 | | | | | |

打分值为 0～100 分，低于 60 分的项目为社会效益差，60～89 分的为社会效益良好，超过 90 分的为社会效益优；权重分值为 0～1 分，权重加和为 1，最后用下列公式计算专家综合打分：

$$M = \frac{1}{m} \sum C_{ij} \times W_j \tag{4.1}$$

其中：$M$ 表示专家打分平均值；$m$ 表示参加打分的专家人数；$C_{ij}$ 表示 $i$ 专家对 $j$ 指标的打分值；$W_j$ 表示 $j$ 指标的权重。

通过上述方法就可以对项目社会效益做出具体评价。

（2）经济效益评价。

根据 TOT 模式的内涵可以知道，社会资本投资基础设施项目的主要目的就是获得稳定收益。TOT 模式也主要适用于能够通过收费产生收入的公共基础设施或服务。所以，对采用 TOT 模式的基础设施项目进行经济效益评价至关重要。这里所研究的经济效益侧重于从成本投入与运营收入的角度反映项目在运营过程中能够给投资者带来的盈利或收益状况。经济效益的评价通常可以采用净现值、投资回收期、内部收益率、效益成本比等方法，本书研究过程中经济效益的评价主要是服务于集成融资模式运行机制，即：监测项目运行情况，及时发现问题，一旦发现评价指标不符合预期，就要启动问题分析程序。因此，研究中选择了简单、明了、便于操作的两个指标——项目净现值（NPV）与效益成本比（B/C）进行分析。项目的净现值（NPV）与效益成本比（B/C）体现出了资金的时间价值，有利于项目经济性的评价，同时，净现值的计算以项目整个运营过程的净现金流量为基础，实现了流动性与收益性的统一。

①净现值。

净现值（NPV）指项目按设定的贴现率将各年的净现金流量贴现到项目建设起点的现值之和。

$$NPV = \sum_{t=0}^{n} (CI - CO)_t / (1 + i\%)^t \qquad (4.2)$$

式中，CI 表示现金流入，CO 表示现金流出，$(CI-CO)_t$ 表示第 t 年净现金流量，i 表示折现率。当 NPV > 0 时，表明项目可行；当 NPV < 0 时，项目不可行；当 NPV = 0 时，则需要综合考虑社会效益情况而定。

②效益成本比。

效益成本比（B/C）是指项目在计算期内各年现金流入量的贴现值与现金流出量的贴现值之比。即：

$$B/C = \frac{\sum_{t=0}^{n} (CI)_t / (1 + i)^t}{\sum_{t=0}^{n} (CO)_t / (1 + i)^t} \qquad (4.3)$$

当 B/C > 1 时，说明项目在投入一个货币单位的情况下，其产出是高于这一个货币单位的，即项目是有利可图的，是可行的；当 B/C < 1 时，项目是无利可图的，是不可行的；当 B/C = 1 时，则需要综合考虑项目的社会效益情况而定。

### 4.1.2.3 项目利益相关者责、权、利的集成管理

项目利益相关者责、权、利的集成体现为分工与合作，彼此配合，发挥

各自专业特长，促进项目成功，并最终获得各自利益。在项目实施中，利益相关方责、权、利关系，是以各种合同形式进行管理，因此构成了项目合同体系（如图 4.2 所示）。在该体系中，政府部门与社会资本方的责、权、利通过签订特许权协议进行约定；社会资本方投资组建项目公司，以股权协议约定各投资者责、权、利；项目公司负责项目的实施，所以，在实施过程中会涉及的银行与金融机构、咨询公司、建设公司、供应商等项目合作伙伴则与项目公司签订相关合同，约定各自责、权、利。

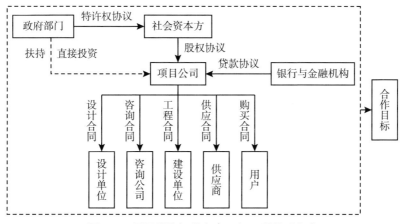

**图 4.2　项目利益相关方责、权、利关系集成**

图 4.2 中项目利益相关者责、权、利关系的集成体现出以下特点：

第一，项目各利益相关者看似从事于不同专业领域，分别承担不同职责，但他们都是服务于同一个项目，是项目中的不同分工。因此，不同职责、不同利益目标的集成体现为项目目标的实现。每一个利益相关者都应该从项目系统总目标出发，意识到自己角色的重要性，履行好自身职责。如果用 $S_K$ 表示空间维要素集成目标，$K_i$ 表示利益相关者承担的职责，由于利益相关者所获利益是履行职责的体现，因此，空间维集成目标（$S_K$）仅与职责（$K_i$）直接相关，集成融资模式下空间维要素之间的集成关系，可以表示为 $S_K = F(K_i)$，即空间维目标的实现取决于每一个利益相关者履行好自身职责（$K_i$）。

第二，通过对项目利益相关者责、权、利的综合集成，在图 4.2 中可以看出项目各利益相关者在项目实施过程中重要程度和对项目的影响力不同，即合作关系有主次之分。其中，特许经营合同是项目所在地政府授予社会资本方经营特定基础设施项目权利的重要法律文件，它是其他合同的核心和依据，因此，特许经营合同所涉及的相关者（政府部门和社会资本方）之间的关系就作为项目的主要关系，而其他关系则作为次要关系。因此，利益相关者可以根据其在项目中发挥作用的相似性进行分类，并依据其对项目的影响进行主次之分，具体如表 4.3 所示。

表 4.3　　　　　　　　　　　项目利益相关者主次关系

| 类别 | 项目利益相关者 | 性质 | 主次程度 |
|---|---|---|---|
| 1 | 东道国政府、私人投资者 | 特许经营合作方 | 主要 |
| 2 | 项目融资顾问、法律/税务/保险顾问、咨询公司 | 信息服务咨询提供方 | 次要 |
| 3 | 项目管理公司 | 项目管理方 | 次要 |
| 4 | 银行/金融机构 | 资金提供方 | 次要 |
| 5 | 项目设计单位、项目建设单位、原材料/能源供应商 | 建设服务/产品供应方 | 次要 |
| 6 | 项目用户、社会公众 | 项目外部参与方 | 次要 |

对项目利益相关者责、权、利关系重要程度的划分，有利于项目管理过程中抓住事物的关键，例如，在风险分配、利益分配、变换融资模式时，要重点管理好项目所在国政府和社会投资者之间关系的变化。

在融资模式发生变更时，政府和社会资本方的责、权、利的调整主要通过特许经营合同中相应条款的调整与补充体现出来，对其他次要关系不会产生太大影响，其他合同的本质不会发生变化，合同中的权力、责任不会改变，可以说是存在一定的"隔离作用"，例如，当项目模式由 TOT 转换成狭义 PPP 后，为项目提供信息、咨询服务的单位仍然按照咨询合同提供咨询服务，获得相应报酬。这种关系维持为模式之间顺利的变换和持续奠定了良好的基础，增强了实现的可行性。

## 4.1.3 逻辑维要素分析

### 4.1.3.1 项目风险管控各阶段内容

TOT 项目集成融资模式下的风险管控包括项目风险识别、项目风险评估、项目风险应对与分配、项目风险监控四个环节。

（1）项目风险识别。

集成融资模式包括了 TOT 模式与狭义 PPP 模式，因此，二者存在的一般风险也就是集成融资模式可能存在的风险。下面将对这些风险进行识别，以此为基础能更好地认识哪些风险可以由第三方承担，哪些风险必须由政府和社会资本进行分担。

①项目系统风险。

宏观环境是项目无法改变的客观因素，因为客观宏观环境的影响而使项目产生的风险被称为系统风险，这些风险往往不受项目的控制，主要包括：政治风险、法律与信用风险、金融风险、不可抗力风险。

政治风险：项目总是处于一定的地域范围内，受到相关国家和政府的管辖，不论是项目所在国的内部或者外部发生政治状况变化、政策改变，都会使项目因此而受到损失，这就是项目的政治风险。

法律与信用风险：法律风险是因项目所在国某项与项目有关的法律发生变动，而给项目带来的风险。集成融资模式参与方众多，实施时间较长，项目参与各方的信用对项目的实施至关重要，如果因为某一方没有遵守事前的约定，严格履行合同，都会使项目受损，因此而产生项目信用风险。项目信用风险可能发生于项目的各个阶段。所以，应该将项目参与各方的资信情况、技术水平、资金实力、在以往项目中的表现和管理能力等作为项目信用风险评价的重要指标。

金融风险：在为项目进行融资时，利率变动、汇率波动、通货膨胀等会直接或者间接地导致项目的价值降低、项目收益发生损失，由此产生的风险就是金融风险。这些风险会直接影响到项目的财务成本、偿债能力和股东利益。例如，当项目公司进行融资时选择浮动利率，那么利率提高会使项目生产成本上升，而如果选择固定利率，那么利率降低就会使项目的机会成本升高。

不可抗力风险：项目在实施过程中还可能遭受因火灾、洪灾、地震、战争等不可抗力因素引起的损失，被称为不可抗力风险。

②项目非系统风险。

项目中除了那些由客观宏观环境导致的系统风险外，还存在着由项目自身因素导致的可以自行控制和管理的风险，即非系统风险，主要包括完工风险、生产风险和经营管理风险。

完工风险：当项目出现工期延迟、成本超出预算、项目投产后不能实现规划设计时的预定目标，没有在预定的时间投产等情况时，会影响项目生产中正常的现金流供给，并进一步影响到项目偿还债务的及时性，这就是项目的完工风险。

生产风险：在项目生产运营过程中，因为技术因素、资源因素、原材料供应以及市场竞争因素等影响也会使项目不能实现预期目标，因此产生的风险被称为生产风险。

经营管理风险：在项目运作过程中，项目管理者因为缺乏经验、专业素质和工作能力的不足、信息不对称、判断失误等因素，使得项目整体管理水平低下，运行效率低，从而使项目蒙受损失，这样的风险被称为管理风险。在 TOT 项目集成融资模式中由于该模式的特殊性——多个模式的集成，项目合作者呈现出动态的变化，合作者关系极其复杂，管理不得当就会使项目处于危机之中。

上述所识别出的风险因素是集成融资模式一般情况下存在的问题，具有代表性和普遍性，是后续研究的重要基础。

（2）项目风险评估。

风险评估就是对已识别的风险进行度量和评价，以此来计算风险发生的概率、发生风险时所导致的损害和风险价值。通过风险评估，一方面，为可行性研究阶段决定项目是否应该选择 TOT 项目集成融资模式提供依据；另一方面，当项目选择了 TOT 项目集成融资模式以后，为项目选择最适合的社会投资者提供评价依据。本书在第 5 章运用故障树分析法（FTA）对风险因素进行定性与定量评估。

（3）项目风险应对与分配。

当风险被识别与评估，就可以明确风险发生的可能性、危害程度与先后顺序，接下来就要决定采取怎样的控制措施应对相关风险。

针对上述的项目风险，可以采取投保、签订担保协议、监督等方式进行应对。例如，对于法律与信用风险可以通过对法律的研究及签订担保协议应对；对于金融风险可以运用金融衍生工具应对；对于不可抗力风险可以通过投保、获得政府资助与保证进行应对；对于完工风险可以通过监督、担保、投保进行应对等。

不是所有风险都可以得到有效应对，还有一些风险只能通过在项目参与各方之间进行合理分配来降低其对项目产生的影响。合理的风险分担不仅能够使风险发生的概率降低，还能够使风险导致的损失以及风险管理成本尽可能最小；合理的风险分担可以让项目参与各方更加理性和谨慎。

①风险分配的原则。

项目的风险分配应该遵循以下主要原则：

首先，应该遵循"承担的风险与控制力相匹配"的原则。各参与方对不同风险拥有的控制能力是不同的，当风险交由控制能力最强的一方来实施控制时，能减少风险发生的概率、损失及其所花费的成本。

其次，应该遵循"承担的风险与所获得的回报相匹配"的原则。项目中还存在着一些政府和社会投资者都缺乏控制力的风险，如不可抗力风险。就这种风险而言，政府和社会投资者都应该就风险发生的概率、承担风险付出的成本、避免风险发生的概率等问题进行详细分析，做好准备。因为社会投资者的目的是获得投资收益，如果让私人投资者承担这个风险，那么公共部门应该给私人投资者合理的补偿。

最后，应该遵循"承担的风险要有上限"的原则。即使之前已经就项目中可能存在的风险进行了分析，并进行了合理分担，但总还是会存在被双方忽略的问题。当项目进入实施阶段，这些被忽略的问题可能会给项目带来无法预料的后果，或者有些风险所导致的损害远远超出了一开始的设想。在这样的情况下，如果让项目某一参与方来独自承担这些后果不可估量的风险，将会严重打击这一项目参与者的积极性，并影响到项目整体的实施。所以，项目参与各方所承担的风险应该有上限。

②风险分配的思路。

首先，进行风险初步分配。经过风险分析后，政府公共部门会以分析结果为依据，对风险价值与参与各方控制力进行权衡，区分出属于政府公共部门与 SPC 控制力范围的风险类型和属于双方均缺乏控制力的风险类型。依据"承担的风险与控制力相匹配"的原则，将那些属于双方控制力范围的风险分配给相应机构。属于双方均缺乏控制力的风险类型则做进一步分配。

其次，SPC 进行自我评估。在风险初步分配的过程中，政府公共部门将一部分风险转移给了 SPC，于是 SPC 需要明确对这些由政府公共部门转移给自己的风险是否具有控制力？因此，SPC 将借助咨询公司对自身拥有的资源、经验、技术水平、管理能力等进行详细的自我评估。

最后，进行谈判与风险再分配。政府公共部门与 SPC 将对超出双方控制力范围的风险分配问题进行谈判，制定出相应的分配机制。在这个过程中，SPC 要考虑承担不在控制力范围的风险会给自身带来怎样的影响？依据"承担的风险与所获得的回报相匹配"的原则，SPC 需要再次进行自我评估，评估自身拥有的资源、能力以及对待风险的态度，然后将评估结果与风险价值进行综合分析后提出风险补偿价格。当双方就项目风险的分配达成共识后，就可以签订合作协议。

（4）项目风险监控。

政府公共部门与社会资本方就风险分配问题意见达成一致并签订合作协议后，双方将采取相应措施进行风险监控，就是对风险管理过程进行监视与控制，保证风险管理能达到预期目标。

### 4.1.3.2 项目风险管控各阶段集成管理

尽管项目风险管控各环节工作内容不同，但彼此之间有着不可分割的联系。如果用 $S_L$ 表示风险管控总目标，$L_i$ 表示风险管控各环节的贡献，那么集成融资模式下逻辑维要素的集成关系可以表示为：$S_L = F(L_i)$。其中，风险识别、风险评估是项目风险管控的基础，风险应对与分配是化解项目风险、尽可能降低风险对项目造成损害的策略，是风险监控的依据，风险监控是对前面内容的监督与纠偏，风险管控各个环节之间互为前提、紧密衔接。风险管控各阶段相互关系如图4.3所示。

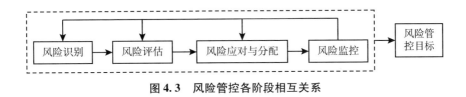

**图 4.3 风险管控各阶段相互关系**

## 4.1.4 时间维要素分析

### 4.1.4.1 项目生命周期各阶段任务

项目都是一次性的活动，因此它有起点和终点。任何一个项目都会经历启动、规划、执行、结束这样一个过程，这个过程被称为"项目生命周期"。在项目不同生命周期阶段有不同的工作内容。

（1）项目启动阶段主要工作任务。项目的产生是基于解决问题的需要。因此，在启动阶段要通过调查研究、收集数据，明确需求、确立目标；进行可行性研究；明确合作关系；确定风险等级；提出组建项目组方案，提出项目建议书。

（2）项目规划阶段主要工作任务。当项目正式启动后，就进入规划阶段，在规划阶段需要确定项目组成员，对项目最终产品的范围进行界定，对实施方案进行研究，确定项目质量标准、资源保证、环境保证，制定项目主计划，对项目经费及现金流进行预算，设计项目的工作分解结构，进行风险评估，提出项目概要报告。

（3）项目执行阶段主要工作任务。在执行阶段将正式建立项目管理组织，建立和完善项目联络渠道，执行工作分解结构的各项工作，获得产品和服务，对项目的范围、质量、进度、成本进行指导、监督、预测与控制，解决实施中的问题。

（4）项目结束阶段主要工作任务。通常情况下，项目最终产品将在结束阶段完成，因此，这一阶段将对项目最终产品进行评估与验收，清算最后账务，转换产品责任者，并解散项目组。

### 4.1.4.2 项目生命周期各阶段要素集成管理

上述各阶段通常由不同的专业人员在不同的时间地点展开，产出不同阶段性成果或者说是实现不同阶段的项目绩效目标，如果用 $S_T$ 表示项目时间维的总目标，$T_i$ 表示项目生命周期各阶段目标，则集成融资模式下时间维要素集成可以表示为：$S_T = F(T_i)$，当项目生命周期每一个阶段任务目标实现，通过集成就可以实现项目总目标。当然，这些阶段不是截然分开的，各阶段所取得目标不是孤立存在的。通常，项目规划阶段任务结束后进入执行阶段，但执行阶段的变更又需要反过来修订现有的规划；一种模式转变为另一种模式时，前者的总结文档将有助于后者的启动。因此，不能在规划阶段只考虑规划的工作、执行阶段只考虑执行的工作，而应该从整个项目的角度出发，进行系统的、全局的考虑，这就是项目生命周期各阶段的集成管理。项目生命周期各阶段的相互关系如图 4.4 所示。

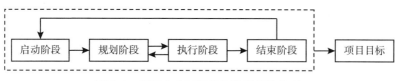

**图 4.4　项目生命周期各阶段的相互关系**

上述是对三维模型中单维度集成的分析，在传统单一 TOT 模式下项目也进行了单维度要素集成管理。从分析中可以看出每一个维度集成都将达到一定目标，如果仅做单维度集成，这些目标将彼此孤立，并且因为缺乏协调而导致冲突，系统要素之间就会产生损耗，不利于项目总体目标的实现。因此，集成融资模式的改进就在于，其不仅进行单维度集成，还对多维度进行集成，从而使各维度目标更加协调、达到统一，不断提高项目综合效益。

# 4.2 三维模型中两两维度的集成研究

项目是一个错综复杂的系统，各个要素之间彼此联系，相互影响。进行风险管控时要兼顾不同利益相关者的立场与角度，这表现为"空间维－逻辑维"的集成；利益相关者履行职责应考虑项目不同生命周期阶段工作内容特点、内外环境的不同，这表现为"空间维－时间维"的集成；风险管控时要考虑到不同项目生命周期阶段的特点，这是"逻辑维－时间维"的集成。下面将分别对这些两维度集成关系进行研究。

## 4.2.1 "空间维－逻辑维"的集成

### 4.2.1.1 "空间维－逻辑维"集成的要素内在联系分析

当基础设施项目运用集成融资模式时，项目的每一个参与者，即利益相关者，彼此之间是合作关系，共同合作完成项目。在合作过程中，利益相关者各自承担不同职责（详见本章第 4.1.2.1 节），由于职责不同，各自所获利益就不同，各自承担的风险类别、风险比例也将不相同。因此，每一个利益相关者都必须进行风险识别、风险评价、风险分配、风险控制过程。同时，利益相关者各自所承担的风险是项目总体风险按照一定规则进行分配的结果。所以，利益相关者进行风险管控时不仅考虑自己的立场，还需要考虑其他利益相关者的立场。

集成融资模式下，"空间维－逻辑维"的集成保障了各参与方在风险监控过程中，发现问题能够有机会重新进行风险识别、风险评估、风险分配。利益相关方将在合作过程中反复进行着"风险识别－风险评估－风险分配－利益分配－职责调整"的过程，这就是"空间维－逻辑维"集成下要素的内在联系（如图 4.5 所示）。

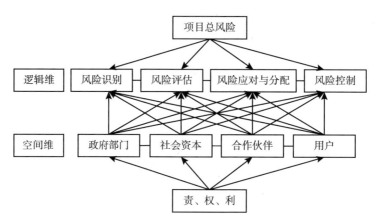

**图4.5　"空间维–逻辑维"集成要素关系**

### 4.2.1.2　"空间维–逻辑维"集成的函数表达与意义

依据前述空间维、逻辑维单一维度下分析得出的集成函数，"空间维–逻辑维"的二维集成可以表示为：$S_{K-L} = F(K_i, L_i)$。其中，"$S_{K-L}$"表示二维集成目标值，与单一空间维的集成函数"$S_{K-L} = F(K_i)$"相比，二维集成增加了风险管控要素"$L_i$"。由于风险管控的目的在于降低风险对项目的影响程度，利益相关者履行职责可以用努力程度来衡量，因此，为了便于分析、理解空间维与逻辑维的集成关系，这部分研究中将逻辑维目标具体化为"风险影响水平"，仍用符号"$L_i$"表示，将空间维目标具体化为利益相关者"努力程度"，仍用符号"$K_i$"表示。以统计学中的多因素指数分析法为理论依据（详见第 1 章第 1.4.1 节），并借鉴学者刘俊业（2012）对工程项目多要素绩效评价模型的相关研究，本章将空间维、逻辑维的二维集成函数关系具体化为：

$$S_{K-L} = \frac{K_1 L_0}{K_0 L_1} \tag{4.4}$$

式（4.4）中，$L_0$ 表示风险影响计划水平，$K_0$ 表示利益相关者努力的计划水平，$L_1$ 表示风险影响实际水平，$K_1$ 表示利益相关者努力的实际水平，因为实际努力程度与目标之间呈正比关系（努力程度越大，总目标值越大），所以"$K_1$"在分子上，而实际风险影响水平与目标呈反比关系（风险影响越大，目标实现难度越大，值越小），所以"$L_1$"在分母上，$K_0$ 和 $L_0$ 是计划水平，固定不变，在分析过程中作为衡量标准。当 $K_1 = K_0$，$L_1 = L_0$ 时，$S_{K-L} =$ 1，表示实际与计划相符，项目达到预定目标水平；由于风险不断变化，当 $L_1 < L_0$ 时，$S_{K-L} > 1$，意味着实际水平超越预定目标；当 $L_1 > L_0$ 时，$S_{K-L} < 1$，意味着实际水平没有达到预定目标，必须对 $S_{K-L} < 1$ 的情况进行修正，修正的目的是为了使 $S_{K-L} \geq 1$。风险影响（$L_1$）客观存在，当"$L_1$"不能被改变或改变很小时，只能通过调整实际努力水平"$K_1$"，使 $K_1$ 与 $L_1$ 相匹配，调整"$K_1$"就是调整了利益相关者责、权、利，"$S_{K-L}$"将达到新的平衡。如果没有集成管理，空间维与逻辑维彼此孤立，风险影响水平是逻辑维目标的具体化表现，风险影响实际水平超出计划（$L_1 > L_0$）就是逻辑维目标失败。

可见，"空间维 – 逻辑维"集成实现了空间维目标"$S_K$"与逻辑维目标"$S_L$"的统一，集成为公式（4.4）中的"$S_{K-L}$"；为了达到或超越预期目标，系统要素进行着跨维度的集成，在这个过程中实现了利益相关者与风险管控的动态平衡，不断改善集成目标。

## 4.2.2 "空间维 – 时间维"的集成

### 4.2.2.1 "空间维 – 时间维"集成的要素内在关系分析

项目组织因项目的落地而组建，随着项目的结束而解散。脱离时间维而单独进行空间维分析是静态的、笼统的。"空间维 – 时间维"的集成表现在以下两个方面：

第一，利益相关方工作内容随项目生命周期的变化而变化。例如，启动阶段要进行可行性研究，规划阶段确定项目组成员、进行风险评估，执行阶段建立项目工作包，结束阶段评估与验收等。这个层面的集成要求利益相关方根据项目生命周期不同阶段的特点，调整工作内容与工作重点，仅是总体的责、权、利在项目生命周期各阶段上的分配，并没有改变各自在项目中承担的总体职责与所获得的总体收益。

第二，利益相关方责、权、利在项目生命周期上的动态调整，这也是集成融资模式创新点的体现。从图 4.6 中可看到，在追求项目目标实现的过程中，当利益相关方责、权、利执行顺利，则实现目标；当执行不顺利时，集成融资模式的运行机制允许在必要时可变更融资模式，如 TOT 转变为狭义 PPP。模式变更使利益相关方可能因为项目范围、项目风险的变化而承担新的工作内容、履行新的职责、承担新的风险、获得新的收益。利益相关方必须重新约定各自的责、权、利，从而形成新的关系网络，达到新的平衡，这将有利于项目目标的实现。

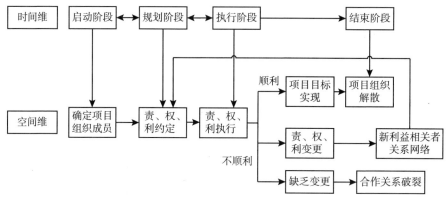

**图 4.6 "空间维－时间维"集成要素关系**

### 4.2.2.2 "空间维－时间维"集成的函数表达与意义

"空间维－时间维"的集成关系可以表示为：$S_{K-T} = F(K_i, T_i)$，其中，"$S_{K-T}$"表示该二维集成目标值，与单独的空间维集成函数"$S_K = F(K_i)$"相比，单一空间维集成仅表明利益相关方职责履行与目标之间的关系，而二维集成考虑到了时间因素"$T_i$"，使利益相关方的责、权、利成为一个可变量，在不同时刻会形成不同的合作目标值"$S_{K-T}$"。项目在生命周期各阶段取得成果可以用"进度"来衡量，为了便于阐述并理解集成关系，这里用"项目进度水平"代表时间维目标，仍然用利益相关者"努力程度"代表逻辑维目标。"空间维－时间维"集成函数具体化为：

$$S_{K-T} = \frac{K_1 T_1}{K_0 T_0} \tag{4.5}$$

式（4.5）中，$K_0$ 表示利益相关者努力的计划水平，$T_0$ 表示项目进度的计划水平，$K_1$ 表示利益相关者努力的实际水平，$T_1$ 表示项目进度的实际水平，因为实际努力水平、进度实际水平与总目标之间均呈正比关系，所以"$K_1$、$T_1$"都在分子上。当 $K_1 = K_0$，$T_1 = T_0$ 时，$S_{K-T} = 1$，表示实际与计划相符，项目达到预定目标水平；由于项目生命周期持续推进，$T_1$ 不断变化，假设 $K_1 = K_0$，当 $T_1 > T_0$ 时，$S_{K-T} > 1$，意味着总目标实际水平超越计划水平，项目良好；当 $T_1 < T_0$ 时，$S_{K-T} < 1$，意味着总目标实际水平没有达到计划水平，这时必须对 $S_{K-T} < 1$ 的情况进行修正，使 $S_{K-T} \geq 1$。当项目发展到一定进度时"$T_1$"已经成为事实无法改变，在二维集成条件下可以通过调整"$K_1$"，使"$K_1$"能弥补"$T_1$"的不足，从而达到新的平衡。调整"$K_1$"就是对利益相关方努力程度的调整，通过利益相关者增加实际努力程度弥补项目进度的不足也是符合逻辑的。

可见，"空间维－时间维"集成实现了在整个项目生命周期中利益相关者的动态治理。空间维目标"$S_K$"与时间维目标"$S_T$"相互协调统一，公式（4.5）左边部分的"$S_{K-T}$"即为二者统一后目标。就是在这个"平衡－不平衡－平衡"的动态过程中项目总体目标值得到持续改善。

### 4.2.3 "逻辑维－时间维"的集成

#### 4.2.3.1 "逻辑维－时间维"集成的要素内在关系分析

在不同项目生命周期阶段，项目所获取的信息不同、外部环境不同、项目进展不同，导致项目所面临的风险因素类型差别很大，同样的风险在不同阶段发生概率也不同。项目在启动阶段进行风险识别与评估是以项目说明书、项目的前提、假设和制约因素、可与本项目类比的先例为依据，将这些信息运用于确立各种风险事件并推测其结果，制定风险预测图，这些都是项目还未正式进入实施阶段的信息，以此为依据直接影响分析结果的质量及实施效率。集成融资模式下，项目在初次谈判结束签订合作协议后，并不意味着"风险识别－风险分析－风险分配"这一过程也结束。相反，在整个生命周期中，项目始终不断重复"效益评价－问题分析－再谈判－模式变更"这样的流程（如图 4.7 所示）。因为随着项目的实施，很多信息将变得清晰、准确。通过效益评价可以及时发现风险的存在，通过问题分析可以准确认识风险因素，通过再谈判可以形成新的风险分配方案，通过模式转换可以使方案得以落实，同时项目重新进入启动阶段开始新的循环。

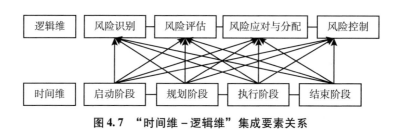

**图 4.7 "时间维－逻辑维"集成要素关系**

### 4.2.3.2 "逻辑维－时间维"集成的函数表达与意义

"逻辑维－时间维"的集成可以表示为：$S_{L-T} = F(L_i, T_i)$，其中，"$S_{L-T}$"表示该二维集成的目标。与单独逻辑维集成函数"$S_L = F(L_i)$"相比，单维度集成仅表明了风险管控各环节工作的贡献与管控目标之间的关系，而二维集成考虑到了时间因素"$T_i$"，使风险管控成为一个可变量，在不同时刻风险影响不同。"逻辑维－时间维"集成函数具体化为：

$$S_{L-T} = \frac{L_0 T_1}{L_1 T_0} \tag{4.6}$$

式（4.6）中，$L_0$ 表示风险影响的计划水平，$T_0$ 表示项目进度的计划水平，$L_1$ 表示风险影响的实际水平，$T_1$ 表示项目进度的实际水平，依据前面分析可知，因为实际风险影响水平与总目标之间呈反比关系，所以"$L_1$"在分母上，项目进度的实际水平与总目标之间均呈正比关系，所以"$T_1$"在分子上。当 $L_1 = L_0$，$T_1 = T_0$ 时，$S_{L-T} = 1$，表示实际与计划相符，项目达到预定目标水平；当 $L_1 < L_0$ 时，因为实际风险影响小于计划水平，项目实施更加顺利，进度水平会提高，所以 $T_1 \geqslant T_0$，综合分析得 $S_{L-T} > 1$，意味着实际水平超越预定目标；当 $L_1 > L_0$ 时，因为实际风险影响大于计划水平将会阻碍项目进度，使进度水平降低，所以 $T_1 \leqslant T_0$，综合分析得 $S_{L-T} < 1$，意味着没有达到预定目标，必须对 $S_{L-T} < 1$ 的情况进行修正。仅从公式的角度分析，可以通过降低 $L_1$ 和提高 $T_1$ 来改善"$S_{L-T}$"结果，但从项目实践来看，$L_1$ 为实际风险影响水平，$T_1$ 为项目进度实际水平，不论是降低风险影响水平还是提高项目进度水平，都需要人来完成，这就是后面要论述的三维集成关系。

因此，与前面两个二维集成关系不同，"逻辑维－时间维"的集成关系中，当集成目标发生偏离时，不能直接对其中任何维度要素进行直接调整，只能通过与空间维集成，调整利益相关者努力水平，来改善风险影响水平和项目进度水平。

然而，"逻辑维－时间维"的集成可以体现出项目进度与风险影响之间的相互关系：不同进度水平下，风险影响水平不同，应该随着项目进度变化进行风险动态管控，即全寿命周期风险动态管理。这样，风险数据得到实时更新，增加风险分析准确性，有利于降低风险影响，提高进度水平，实现集成目标，这就是"逻辑维－时间维"集成的意义。

# 4.3 三维模型中三维度综合集成评价

## 4.3.1 "空间维－时间维－逻辑维"集成的要素内在联系几何评价

集成融资模式的运行不仅实现了单一维度要素集成、两两维度集成，其最大的贡献与创新在于实现空间维、时间维、逻辑维三维度的集成管理。当然，三维度集成是通过两两维度集成达到的，上述两两维度集成体现出三维模型要素间的相互影响关系。项目风险（$L_i$）变化必然引起项目新增或减少部分项目工作，从而引起利益相关方工作职责（$K_i$）改变；利益相关方工作职责（$K_i$）改变要求对项目进度（$T_i$）安排进行调整；项目进度（$T_i$）安排进行调整可能又引发新项目风险（$L_i$）产生，于是进入下一个循环。

集成融资模式三维度要素集成可以用下列几何图形表示，如图 4.8 所示。

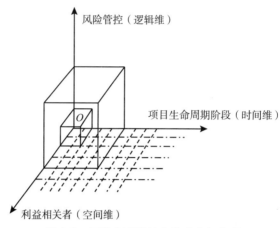

**图4.8　三维度要素综合集成几何表现**

图4.8 中，将空间维和时间维作为综合评价的基础界面，在这个界面中，空间维要素（政府、社会资本、金融机构、用户）和时间维要素（启动、规划、执行、结束）共同组成一个由无数二维方格构成的二维网，每个方格代表着在某一项目生命周期阶段，某一利益相关方应该履行的职责、行使的权力、获得的利益。利益与风险共存，因此，在空间维与时间维的二维基础界面上需要考虑逻辑维因素（风险管控）。空间维、时间维、逻辑维的综合集成从几何角度看就是一个个小立方体，每一个立方体体积就是某一项目生命周期阶段，某一利益相关方因履行相关职责、权力、承担相应风险而实现的目标，所有小立方体体积的总和就是项目的总体目标。

### 4.3.2　"空间维 – 时间维 – 逻辑维" 集成的函数表达与意义

在二维集成的基础上，"空间维 – 时间维 – 逻辑维" 三维综合集成可以表示为：$S_{K-L-T} = F(K_i, L_i, T_i)$，其中 "$S_{K-L-T}$" 表示项目生命周期某一时刻的项目总目标水平，与前述二维集成的目标水平相比，"$S_{K-L-T}$" 是时间因素、风险因素、利益相关者因素综合集成的结果。这里，运用与上述二维集成分析相同的思路，以统计学中的多因素指数分析法为理论依据，将三维集成的函数关系具体化为：

$$S_{K-L-T} = \frac{K_1 L_0 T_1}{K_0 L_1 T_0} \tag{4.7}$$

式中，$K_0$ 表示利益相关者努力的计划水平，$L_0$ 表示风险影响的计划水平，$T_0$ 表示项目进度的计划水平；$K_1$ 表示利益相关者努力的实际水平，$L_1$ 表示风险影响的实际水平，$T_1$ 表示项目进度的实际水平。当 $K_1 = K_0$，$L_1 = L_0$，$T_1 = T_0$ 时，$S_{K-L-T} = 1$，表示实际与计划相符，项目达到预定目标水平；当 $K_1$、$T_1$ 符合计划水平，$L_1 > L_0$ 时，$S_{K-L-T} < 1$，这时可以通过调整另外的两个维度要素 $K_1$、$T_1$ 修正目标水平。其他要素偏离计划导致实际目标水平下降的分析方法与此相同。

三维度集成综合考虑到人、时间、环境因素，这种集成不是各维度、各要素目标的简单叠加，而是通过要素间的相互作用最终成为一个整体，实现统一目标。与两维度集成相比，三维度集成更加系统、富有弹性、具有可实现性。

### 4.3.3 "空间维－时间维－逻辑维"集成中的风险管控效率优化

项目风险管控是集成融资模式的逻辑维，从上述对三维模型的分析可以看出，逻辑维不是孤立运作，而是通过与时间维、空间维的综合集成，实现管理的动态循环与效率优化。

这里的优化是一个相对概念，是与其他公私合作模式相比较而言所体现出来的优越性。因此，这个部分首先要对 TOT 项目集成融资模式、TOT 模式、狭义 PPP 模式、其他集成融资模式在风险管控方面的差异进行对比，并以此为基础进行分析。

依据表 4.4 中各融资模式各项指标存在的差异，本书主要从风险管控过程的优化、行为过程的控制、项目资源的合理配置、项目目标可实现程度四个方面对集成融资模式风险管控效率进行评价。

**表4.4** 多种公私合作模式在风险管控方面的差异比较

| 比较指标 | 模式类别 | | | |
|---|---|---|---|---|
| | TOT项目集成<br>融资模式 | TOT模式 | 狭义PPP模式 | 其他集成融资模式 |
| 模式构成 | TOT、狭义PPP | TOT | 狭义PPP | TOT、BOT、PPP、BT |
| 所突出的主要模式 | TOT | TOT | 狭义PPP | 不定 |
| 研究角度 | 风险动态管理 | 多角度 | 多角度 | 项目可分解性 |
| 风险识别与评估 | 全寿命周期 | 启动阶段 | 启动阶段 | 各模式启动阶段 |
| 风险分配 | 初次谈判阶段、再<br>谈判阶段 | 初次谈判阶段 | 初次谈判阶段 | 各模式启动阶段 |
| 风险预警 | 有 | 缺乏 | 缺乏 | 缺乏 |
| 对超出边界的风险<br>应对措施 | 有 | 缺乏 | 缺乏 | 不明确 |
| 政府参与 | 灵活 | 移交阶段 | 项目全生命周期 | 灵活 |
| 环境适应性 | 强 | 弱 | 一般 | 一般 |

（1）风险管控过程的优化方面。风险管控过程包括有风险识别、风险评估、风险应对与分配、风险监控。单一TOT、狭义PPP模式以及其他集成融资模式进行风险管控时各阶段的工作都是一次性、局部的。例如，通常仅在启动阶段进行风险的识别与评估，仅在初次谈判阶段进行风险分配，这样在项目实施过程中很难及时发现问题，即便发现问题，又由于程序的限制无法有效应对。TOT项目集成融资模式下，"逻辑维－空间维－时间维"的集成，为项目进行全寿命周期风险管理提供了制度保障、程序保障，风险管控过程在项目生命周期不断循环、系统展开，做到时时、事事监督检查，及时纠正偏差，激励督促各利益相关方履行职责。因此，TOT项目集成融资模式在风险管控过程方面比其他公私合作模式更有效率。

（2）行为过程的控制方面。与TOT模式、狭义PPP模式及其他集成融资模式相比，TOT 项目集成融资模式增加了风险预警，即空间维中的社会效益与经济效益评价，实际效益与预期效益存在差距就预示着项目有潜在风险；其他模式仅在项目启动阶段进行风险识别与评估，而集成融资模式则根据预警信息在全寿命周期展开风险识别与评估；在特定的融资模式下，风险范围是有边界的，即融资模式与一定的风险边界相匹配。所以，当项目风险超出原有边界，单一 TOT 与狭义 PPP 模式的风险管控将失效，其他集成融资模式是从项目可分解性的角度将多个模式组合，在其研究中没有明确模式转变与风险边界变化的关系；书中提出 TOT 项目集成融资模式的出发点就是增强项目抗风险能力，从程序设计到保障措施都考虑到了项目风险边界改变的问题，能有效应对。可见，TOT 项目集成融资模式在事前、事中、事后都进行着有效控制。

（3）项目资源的合理配置方面。与单一的 TOT、狭义 PPP 模式相比，TOT 项目集成融资模式通过两种融资模式的集成管理，实现优势互补，扩大了项目的适用范围，增强了政府参与项目的灵活性。单一 TOT 模式仅适用于能够通过收费产生收入的已建成设施或服务，政府在项目中是监督者的角色，不参与项目的经营管理。而 TOT 项目集成融资模式下，项目的适用范围扩大为纯经营性或准经营性的已建或在建公共基础设施项目。依据实际情况，政府可以是监督者，也可以是经营管理者。项目适用范围的扩大及政府角色的灵活转变，是项目资源在更大范围内进行优化配置的结果。

（4）项目目标可实现程度方面。单一的 TOT、狭义 PPP 模式由于风险管控的局部性、非系统性，使其环境适应性较弱，项目目标的可实现程度则取决于项目自身条件、项目合同完备情况、利益相关方信用、环境变化的影响等各因素是否有利；TOT 项目集成融资模式下，风险管控过程得到优化，行为过程得到有效控制，项目资源得到合理配置，必然带来环境适应性的增强。因此，在同样不利的情况下，TOT 项目集成融资模式比单一融资模式具有更强的项目目标可实现程度。

通过对比分析，书中所提出的 TOT 项目集成融资模式从风险预警、风险识别、风险分配到风险应对进行了系统管理，并实行全寿命周期动态管理，提升了风险管控效率。

# 4.4　案　例　研　究①

从第 4 章开始，本书主要借助定性与定量分析方法对集成融资模式集成机理、集成线索进行剖析，理论方法的分析结论通过案例的实践更能体现其价值与可行性。因此，本章除了上述理论研究，还将进行案例研究。为了更加形象具体地阐明集成融资模式运行机制的操作逻辑，并且使各个研究结论具有连贯性，整本书仅选择一个案例展开研究。

## 4.4.1　案例的选取

首先，所选案例要考虑其典型性和代表性。本书研究的问题主要是针对基础设施项目，因此所选取的案例要符合基础设施项目的所有标准，即典型性；同时，所选取案例又要能体现出基础设施项目的普遍特征，即代表性。这样，对该案例的研究才具有借鉴性与推广性。其次，选取案例时，还要兼顾获取资料的便利性和准确性。本书研究过程中需要用到案例的相关信息和数据，因此尽可能选择具有公开报道的信息资料和文献研究资料的案例，最好还能便于实地考察收集一手资料，从而提高准确性。最后，所选案例项目存在的风险能够被准确识别。通过对信息资料的分析，案例中存在的风险能够被准确描述，这样才能有利于研究的展开。

根据上述要求，书中选择了 WK 高速公路为案例进行研究。

WK 高速公路项目是亚洲开发银行在云南的第四个项目，是国家西部开发通道兰州至磨憨公路云南境内的一段，全长 63.58 公里，经过了昆明市的五华区和富民县，楚雄州的武定县。一方面，该公路向北可进入我国中西部内陆地区，向南可直达中缅边界，并深入到东南亚与南亚地区。作为重要的交通基础设施，WK 高速公路有助于促进我国与东南亚地区的贸易往来，并

---

① 案例为本书课题组调查搜集整理。

进一步加快云南省国际大通道的建设进程，本项目的建设高度吻合桥头堡为期十年的建设规划。另一方面，昆明市是云南省省会城市，经济发展水平并不平衡，地区间差异大，交通的畅通是实现地区经济发展的前提，该项目的实施有利于增强昆明对附近区域的辐射影响力，使昆明市区与周边区县联系更加紧密。借助方便的交通设施，项目沿线区县的农副产品、加工制造、旅游等将得到快速发展，使当地经济更加繁荣，符合当前国家精准扶贫的要求。而且，WK 高速公路是西部开发省际公路通道兰州至磨憨公路和北京至昆明国家高速公路的组成部分，也是云南省干线公路网的重要路段，据预测，平均交通量可达到 30750 辆/日，能有效保证项目资产使用的经济性。作为城市基础设施，WK 高速公路对社会经济的发展和人民生活水平的改善都具有较大的促进作用，作为经营性基础设施项目，其能为投资者带来经济效益，因此，WK 高速公路符合于 TOT 或狭义 PPP 模式的适用范围，以其为案例进行研究具有借鉴意义。

### 4.4.2 数据收集

根据研究的需要，笔者通过实地调研、非正式交谈、专家咨询、观察记录、文献研究等方式获得研究所需数据，既有一手资料，也有二手资料。笔者在参与的多个以 WK 高速公路为研究对象的课题里对 WK 高速公路进行了实地调研，现场观察记录，并依托课题组对高速公路相关管理人员进行访谈，在研究过程中也通过电话、电子邮件等形式就有关信息进行反复沟通与完善。除此以外，由于该项目对区域经济发展重要意义，目前可以看到关于该项目的新闻公开报道及研究文献资料。因此，研究中也通过查阅国内外学术文献资料和报刊资料、网络报道、行业资料、财政部 PPP 综合信息平台资料等进一步对案例信息进行补充完善。这些关于 WK 高速公路的一手及二手资料为本书的研究奠定了良好的基础。

### 4.4.3 集成融资模式运用于 WK 高速公路的三维集成分析

将 WK 高速公路运用集成融资模式涉及的要素按照霍尔三维模型划分

为逻辑维、时间维、空间维。逻辑维代表 WK 高速公路项目风险管控过程各要素，时间维代表项目生命周期各阶段，空间维代表项目利益相关者的责、权、利。

### 4.4.3.1　WK 高速公路项目三维结构

依据本章 4.1 的研究内容，结合 WK 高速公路对集成融资模式的实际运用，可以构建三维结构，如图 4.9 所示。

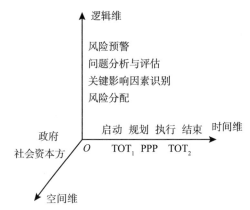

**图 4.9　WK 高速公路运用集成融资模式的三维结构**

（1）空间维要素构成。

WK 高速公路采用 TOT 项目集成融资模式涉及非常多的利益相关方，如政府、社会资本方、项目公司、金融机构、咨询公司、保险公司等，如果全部展开反而不利于突出主要矛盾，依据本章第 4.1.2.3 节分析得出的结论：利益相关方合作关系有主次之分，政府部门和社会资本方之间的关系是主要关系。因此，案例研究中仅对主要相关方进行分析，即云南省政府、社会资本方（A 公司、B 公司、C 公司）。

（2）逻辑维要素构成。

逻辑维包括：风险识别、风险评估、风险应对与分配、风险监控。对于每一个阶段需要完成的工作任务，本章第 4.1.3 节已进行分析。在 WK 高速案例研究中仅对矛盾突出的环节展开详细分析。因此，案例研究部分的逻辑维包括：第一，项目效益评价，有助于及时发现问题，起到风险预警作用，是对项目风险的监控；第二，问题分析与评估、关键影响因素识别，这部分相当于风险识别、评估及应对，详细研究见本书第 5 章第 5.5 节；第三，风险分配的详细研究见本书第 6 章第 6.5 节。本章案例研究中逻辑维的运用主要体现为风险应对。

（3）时间维要素构成。

时间维包括：项目启动、项目规划、项目执行、项目结束四个阶段。集成融资模式下，WK 高速公路将经历 TOT、狭义 PPP 模式的变换。一种融资模式的启动，必定是一个新阶段的开始，融资模式的变化也意味着项目生命周期阶段的变化。因此，案例研究中用 TOT 模式、狭义 PPP 模式出现的不同阶段来代表项目生命周期的变化。

### 4.4.3.2　WK 高速公路项目三维要素动态集成分析

本部分将以集成融资模式整个运行机制为背景，研究集成融资模式从 TOT 到狭义 PPP 再到 TOT 的转变过程中，伴随着时间维、逻辑维的变化，空间维要素的动态调整，揭露系统要素的综合集成原理。

（1）初次实施 TOT 模式阶段。

WK 高速公路初次运用 TOT 模式阶段主要利益相关方关系，如图 4.10 所示。

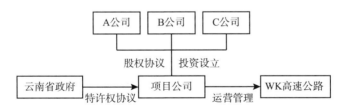

**图 4.10　WK 高速公路初次运用 TOT 模式阶段主要利益相关方关系**

在图 4.10 中，云南省政府与社会资本方通过特许权协议首次明确彼此的责、权、利及风险分担。

就权责来说，云南省政府负责为项目提供必要的保证，为项目提供必要的土地、水、电等后勤供应的保证，对项目进行监督，给项目提供信用担保，单独承担政治风险、完工风险、建设风险，给项目提供法律保障与政策支持。社会资本方（A 公司、B 公司、C 公司）在通过政府相关机构的资格预审、招投标之后，获得与政府合作经营管理基础设施项目的特许权，对项目进行资本投入和融资，负责项目建成后的经营、管理、维护，独立承担项目经营管理风险。项目公司是社会资本方为特定的项目而专门组建的公司，是项目的执行者。

就所获利益来说，云南省政府参与项目的目的是盘活 WK 高速公路所沉淀下来的资金，缓解政府建设基础设施的财政压力，借助专业化管理改善公共服务的质量（社会效益）。A 公司是某金融投资公司，参与项目的目的是获得项目长期稳定的投资收益、拓展事业领域（经济效益）。B 公司是高速公路运营管理专业机构，参与项目的目的是获得项目长期稳定的投资收益、提高行业市场占有率（经济效益）。C 公司为高速公路维护保养专业机构，参与项目的目的是获得长期稳定的投资收益（经济效益）。可见，选择以 TOT 项目集成融资模式进行合作，云南省政府看重的是社会效益，社会资本方则更看重经济效益。

上述责、权、利即为公式（4.7）中的"$K_0$"。

对于 WK 高速公路风险分担，详细论述见本书第 6 章第 6.5.2 节，分析结论是：政府独立承担政治风险、完工风险、生产风险；社会资本方独立承担项目经营管理风险；法律与信用风险、金融风险、不可抗力风险则由双方共同承担。此时风险管控的状态即为"$L_0$"。

当前项目处于规划阶段（$T_0$），政府与社会资本方初次确认合作目标并完成风险与责、权、利的分配，这个时刻的项目目标"$S_{K-L-T}$"是特许权协议中双方约定的预期目标。为了便于对各个阶段的"$S_{K-L-T}$"进行比较分析，这里将借助专家判断，为 $S_{K-L-T} = \dfrac{K_1 L_0 T_1}{K_0 L_1 T_0}$ 中的指标打分，其中：好为 5 分，中等为 3 分，差为 1 分。因为"$K_1$"表示利益相关方努力实际水平，"$L_1$"表示风险影响实际水平，"$T_1$"项目进度实际水平，所以"$K_1$、$T_1$"的评分越高，"$L_1$"评分越低则越有利于目标实现，各指标结果为：$K_1 = K_0 = 3.8$，

$L_1 = L_0 = 2.8$，$T_1 = T_0 = 3.7$，则 $S_{K-L-T} = 1$。即实际水平与计划目标相符合，这个分析主要为后面项目实际目标水平提供比较依据。

项目规划阶段结束即进入执行阶段（$T_1$），集成融资模式运行机制中对项目进行社会效益与经济效益的评价有助于及时发现项目目标偏差，发挥着风险预警作用，是逻辑维启动的重要依据。所以，接下来将对 WK 高速公路运营情况进行社会效益与经济效益评价。

①社会效益评价。

WK 高速公路的良好运营将使占项目区总人口 81%（包括农村和城市人口）的居民直接获益。

首先，WK 高速公路项目的实施使项目区域交通条件得到较大改善。WK 高速公路全程 66.48 公里（含连接线），与原来的老公路相比里程缩短约 23 公里。公路全线采用双向四车道高速公路标准建设，通行能力将得到显著提高。新建的 WK 高速公路结合沿线地形条件、城镇发展状况及公路网长远发展布局规划，按四车道和六车道高速公路标准分段新建，老路保留做辅道，有效解决了混合交通问题，提高了道路安全性能及服务水平。

其次，项目实施能促进地方经济发展程度。该项目的建设运营使这些区域同昆明的交通连接得到改善，刺激高速公路走廊带的村镇对物资及服务的需求。例如，农贸和农用工业；旅游业、服务业、地方手工艺品；道路运输和仓储服务；商业服务如餐馆和小商店。通过 WK 高速公路的运营，进一步缩短运输里程及通行时间，降低运输成本。该项目的实施连接起了滇中旅游区与具有丰富旅游资源的四川省，缩短攀枝花、丽江、香格里拉至德钦等旅游景区之间的时空距离，使昆明市作为旅游集散中心的辐射作用进一步加强。

最后，项目实施有利于减少贫困。在高速公路运营维护期间，公路沿线村镇的人们可以得到就业机会，从而获得显著的经济利益。同时，高速公路的顺利运营，能有效地缩短通行时间和里程，有利于当地的贫困人口外出寻找工作；另外，高速公路还能促进富民、禄劝和武定工业的发展，对当地群众，特别是贫困人口而言，地方性的非农业工作机会将大大增加。地方道路的升级能推动地方产业发展。

结合上述社会效益定性评价内容，以本章表 4.1 的评价指标体系为基础，对项目社会效益定量评价。

　　首先，要将表 4.1 中评价指标进行量化。各评价指标具有不同的重要性，可以通过权重来体现，本书采用层次分析法确定评价指标权重，如图 4.11 和图 4.12 所示。

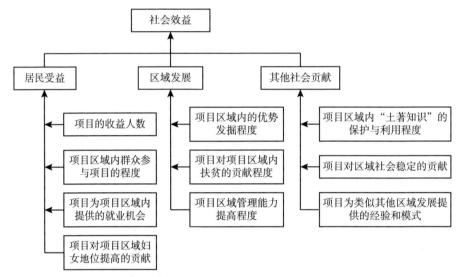

**图 4.11　WK 高速公路社会效益评价指标递阶层次结构**

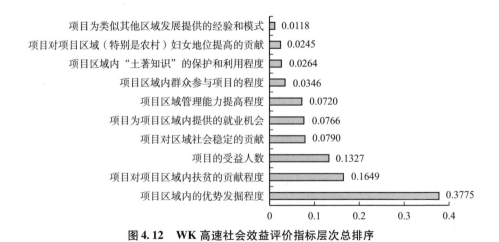

**图 4.12　WK 高速社会效益评价指标层次总排序**

图 4.12 中各指标权重总和为 1，具体运用如表 4.5 所示。在图 4.12 中可以看到，权重最高的是"项目区域内的优势发掘程度"指标，其权重为 0.3775，其次是"项目对项目区域内扶贫的贡献程度"，权重为 0.1649，然后是"项目受益人数"，权重为 0.1327。这表明从政府角度比较重视项目实施对区域经济发展的带动作用、对扶贫的贡献。

表 4.5

WK 高速社会效益评价

| 社会效益评价指标（$j$） | 评价指标权重（$W$） | 专家打分（$C$） | | | 专家打分合计 |
|---|---|---|---|---|---|
| | | 社会专家（$i$） | 生态专家（$i$） | 经济专家（$i$） | |
| ①项目的受益人数 | 0.1327 | 92 | 89 | 90 | 35.96 |
| ②项目区域内群众参与项目的程度 | 0.0346 | 88 | 83 | 80 | 8.68 |
| ③项目为项目区域内提供的就业机会 | 0.0766 | 92 | 84 | 91 | 20.45 |
| ④项目对项目区域（特别是农村）妇女地位提高的贡献 | 0.0245 | 75 | 72 | 70 | 5.32 |
| ⑤项目区域内的优势发掘程度 | 0.3775 | 90 | 85 | 91 | 100.42 |
| ⑥项目对项目区域内扶贫的贡献程度 | 0.1649 | 91 | 86 | 90 | 44.03 |
| ⑦项目区域管理能力提高程度 | 0.0720 | 85 | 81 | 86 | 18.14 |
| ⑧项目区域内"土著知识"的保护与利用程度 | 0.0264 | 80 | 78 | 75 | 6.15 |
| ⑨项目对区域社会稳定的贡献 | 0.0790 | 87 | 82 | 86 | 20.15 |
| ⑩项目为类似其他区域发展提供的经验和模式 | 0.0118 | 89 | 83 | 80 | 2.97 |
| 专家综合评分 | 1 | 89.27 | 84.49 | 88.49 | 87.42 |

其次，采用德尔菲法对各指标评分，邀请具有"社会学""生态学""经济学"背景的专家共 9 位，这些专家不仅具备各自专业领域深厚的知识功底，而且也具备丰富的实践经验，对高速公路项目非常熟悉，这些专家以匿名的形式对社会效益的评价指标进行打分，打分值为 0 ~ 100 分，为了增加对专家打分合理性的理解，增强打分值的可信度，研究中还请专家对打分结果

的合理性进行了说明，最终以各专家的平均分作为各评价指标的评分，运用公式（4.1），即：$M = \frac{1}{m}\sum C_{ij} \times W_j$，可求得综合评分。

在表4.5中，可以看到社会学、生态学、经济学三个方面专家各自的评分结果分别为：89.27、84.49、88.49，其中，生态学专家评分相对偏低。因为项目的实施会带来多方面影响，例如：公路上机动车排放尾气的有害成分会造成局部地段的空气质量下降；在对公路进行维护中，铺洒路面所用的沥青散发出的烟气含有苯并芘等有毒成分，会对人体健康造成直接危害；道路上运营车辆产生的噪声及环境振动会给沿线居民带来直接影响；公路运输车辆抛洒物和服务区产生的生活垃圾；等等。尽管在项目实施中政府已采取多项措施，例如，增加隔声窗的降噪措施、定时清扫垃圾等，最大限度地降低了项目实施对环境的影响，但影响始终存在。因此生态学专家评分相对偏低。另外，项目的实施确实能带动公路沿线经济的发展、减少贫困、方便居民出行，因此社会学、经济学专家评分相对偏高一些。专家最终的综合评分为87.42，依据"综合评分低于60分的项目为社会效益差，60~89分为社会效益良好，超过90分的为社会效益优"的评价标准，表明项目社会效益良好。

②经济效益评价。

项目经济效益的评价是以项目现金流入和现金流出为基础数据。笔者在参与导师主持的 WK 高速公路项目相关课题研究过程中，整理出 2013~2017 年该项目的运营状况（见表4.6）与财务状况（见表4.7）调查数据。

表4.6　　　　　　　　WK 高速车流量、车辆通行费调查数据

| 日期 | 车流量（辆） | | | | 拆分后车辆通行费（万元） | 车辆通行费增长率（%） |
| --- | --- | --- | --- | --- | --- | --- |
| | 入口（辆） | 入口增长率（%） | 出口（辆） | 出口增长率（%） | | |
| 2013年10~12月 | 596281 | — | 492396 | — | 3362.67 | — |
| 2014年1~12月 | 4529685 | — | 4079382 | — | 21918.23 | — |
| 2015年1~12月 | 3431524 | -24.2 | 3113181 | -23.7 | 21312.67 | -2.8 |
| 2016年1~12月 | 4115528 | 19.9 | 3777645 | 21.3 | 23014.21 | 8.0 |
| 2017年1~12月 | 3863439 | -6.1 | 3452211 | -8.6 | 19894.31 | -13.6 |

资料来源：课题组咨询专家调查结果。

表 4.7                **WK 高速财务报表部分数据**         单位：百万元

| 指标 | 2013 年 | 2014 年 | 2015 年 | 2016 年 | 2017 年 |
|---|---|---|---|---|---|
| 公路通行费收入 | 33.6 | 219.2 | 213.1 | 230.1 | 198.9 |
| 非公路通行费收入 | 7.5 | 9.8 | 11.9 | 13.1 | 14.5 |
| 现金余额上的利息收入 | 0.1 | 0.1 | 0.1 | 0.1 | 0.1 |
| 减去：周转额上的税金 | 8.7 | 11.3 | 13.7 | 15.1 | 16.8 |
| **收入总额总计** | **32.5** | **217.8** | **211.4** | **228.2** | **196.7** |
| 总经营成本 | 13.5 | 14.3 | 15.1 | 16.0 | 17.0 |
| 折旧费用 | 114.7 | 112.1 | 109.6 | 107.2 | 104.7 |
| 利息费用：长期债务 | 161.8 | 157.4 | 152.8 | 147.9 | 142.7 |
| 利息费用：短期债务 | 7.2 | 11.7 | 13.7 | 14.2 | 12.8 |
| 公司所得税 | 0.0 | 0.0 | 0.0 | 0.0 | 0.0 |
| 净收入（亏损）($CI-CO$) | (264.7) | (77.7) | (79.8) | (57.1) | (80.5) |

资料来源：课题组咨询专家调查分析结果。

表 4.6 中可以看出：2015 年 1~12 月车流量入口增长率为 -24.2%、出口增长率为 -23.7%，车辆通行费增长率为 -2.8%；2017 年 1~12 月车流量入口增长率为 -6.1%、出口增长率为 -8.6%，车辆通行费增长率为 -13.6%。车流量与车辆通行费均为负增长。2017 年通行费增长率比 2015 年降低了 385%，比 2016 年降低了 270%。

而且，从表 4.6 中数据可以算出 2013 年日均交通量为 12096 辆/日，2014 年日均交通量为 23586 辆/日，2015 年日均交通量为 17930 辆/日，2016 年日均交通量为 21625 辆/日，2017 年日均交通量为 20042 辆/日，都没有达到预期的平均交通量 30750 辆/日，且相差较大。这些数据都表明，项目目前经营不理想。

根据公式（4.2），即 $NPV = \sum_{t=0}^{n}(CI-CO)_t/(1+i\%)^t$，公式（4.3），

即 $B/C = \dfrac{\sum_{t=0}^{n}(CI)_t/(1+i)^t}{\sum_{t=0}^{n}(CO)_t/(1+i)^t}$，运用表 4.7 中数据对项目净现值及效益成本

比进行计算。对于式中 $i$ 的取值，按照项目的资金筹措方案，从项目和资本金的角度进行分析，采用综合贷款利率作为折现率，约为 3.03%。从表 4.7 看出，2013～2017 年项目始终处于亏损状态，"$CI-CO$"一直为负数，因此 $NPV<0$；通过计算 $B/C=0.6$，效益成本比小于 1。对项目运营状况及财务状况的分析表明，项目经济效益不佳。

从上述项目社会效益及经济效益的分析可知，该项目社会效益良好，但经济效益不理想，社会资本方投资目的没有实现，项目存在潜在风险因素。通过 ZOPP 对该案例风险因素的详细分析（见第 5 章第 5.5 节）得出，项目经营管理风险超出预期水平。

用与前文相同的方法为式"$S_{K-L-T}=\dfrac{K_1 L_0 T_1}{K_0 L_1 T_0}$"中指标的实际水平打分得：$L_{TOT1}=4.1$；规划阶段的 $L_0=2.8$，很明显 $L_{TOT1}>L_0$，如果 $T_1$ 和 $K_1$ 不变，那么 $S_{K-L-T}^{TOT1}=\dfrac{2.8}{4.1}=0.68<1$，项目没有达到预期水平，这就是传统 TOT 模式的结果。

集成融资模式下，各要素为了实现或超越预期目标而相互协调，处于动态平衡之中。因此，可以通过调整空间维要素，使 $K_1>K_0$，即增加利益相关方实际努力程度（工作职责），或者调整时间维要素，使 $T_1>T_0$，提高项目进度水平，来改善"$S_{K-L-T}$"，然而，从本章第 4.2.3 节的分析可知，提高项目实际进度水平（$T_1$）需要利益相关者改变努力程度（$K_1$），所以只有改变 $K_1$ 才能从本质上解决问题。

解决问题首先要分析问题，空间维包括政府与社会资本方，要改变努力程度，则合作双方都要调整。通过第 6 章第 6.5.3 节的分析得出：对于实际水平超出计划水平的"经营管理风险"，政府由原来完全不承担变为承担 35%～46%，社会资本方由原来完成承担变为承担 54%～65%。风险分担比例的变化将导致利益相关方努力程度（责、权、利）的调整，这些调整将带来合作范围与合作方式的变化，与此相对应的融资模式就必须要变更，否则调整措施无法落实。

（2）因解决问题转变为狭义 PPP 模式阶段。

当 WK 高速公路融资模式转变为狭义 PPP 时，利益相关方关系如图 4.13 所示。

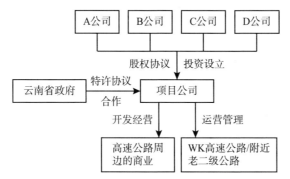

**图 4.13 WK 高速公路狭义 PPP 模式阶段利益相关方关系**

图 4.13 和图 4.10 相比有两点不同。第一，项目公司的股东增加了 D 公司，这里 D 公司为政府指定的代表政府出资的政府融资平台公司，D 公司的加入使项目由 TOT 模式转变为狭义 PPP 模式。狭义 PPP 模式下，政府与社会资本方组成项目公司，全过程合作，形成"风险共担、利益共享"的合作关系。第二，项目范围发生改变，除了 WK 高速公路，还增加了高速公路周边商业和附近老二级公路（详见第 6 章第 6.5.4 节）。

狭义 PPP 模式下，云南省政府作为项目公司股东之一，不仅有利于项目公司与政府各部门的协调、有利于和金融机构对接融资问题，而且云南省政府可依法享有公司股东的知情权，适时掌握项目的运行信息，从而防范项目风险，保障项目的顺利实施，当然，相对于财政补贴与资助，这样的出资方式也可以使政府获得一定收益。同时，项目范围的变更使项目公司有更多获利渠道，有助于改善项目总体经济效益。

图 4.13 和图 4.10 之间的差异其实质就是政府与社会资本方责、权、利及风险分担的变更。与初始约定（$K_0$）相比，政府增加了经营管理的职责（$K_1$），与社会资本方共同分担项目经营管理风险（详见第 6 章第 6.5.3 节），同时获得相应收益；社会资本方则降低了经营管理风险的分担比例（详见第 6 章第 6.5.3 节），增加了开发新项目的职责（$K_1$），并获得相关收益。

公式（4.7）中指标实际水平通过专家打分得：即 $K_{PPP} = 4.6$，$T_{PPP} = 4.7$，则 $S_{K-L-T}^{PPP} = \dfrac{4.6 \times 2.8 \times 4.7}{3.8 \times 4.1 \times 3.7} \approx 1.05 > 1$，因此，通过 $K_1$ 与 $T_1$ 的调整，项目达到并超出预期目标水平。

（3）再次恢复 TOT 模式阶段。

当问题解决完，项目能够正常运营，政府将通过转让股权的方式退出项目公司，于是，项目再次恢复到 TOT 模式，利益相关方关系如图 4.14 所示。

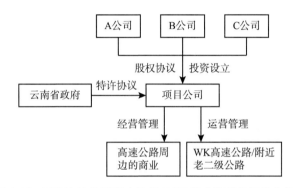

**图 4.14　WK 高速公路再次恢复 TOT 模式的利益相关方关系**

图 4.14 与图 4.13 相比，由于政府的退出，项目公司股东少了 D 公司；图 4.14 与图 4.10 相比，虽然都是 TOT 模式，但项目范围不同。在这个阶段 TOT 模式中，政府的主要职责是监督与支持，重视社会效益，不再承担经营管理风险，不再获得项目经济收益；由于项目范围和项目公司股东的改变，社会资本方经营管理范围增大，经营管理风险增大，独立承担经营管理风险，但同时也获得了更多的获利机会。

现阶段，为公式（4.7）中各指标的实际水平打分得：$K_{TOT2} = 4.65$，$T_{TOT2} = 4.75$，$L_{TOT2} = 3.3$，则 $S_{K-L-T}^{TOT2} = \dfrac{4.65 \times 2.8 \times 4.75}{3.8 \times 3.3 \times 3.7} \approx 1.33 > 1$，表明这个项目实际目标水平超出了预期水平。这也正是集成融资模式的目的，实现项目综合效益的持续改善。

由上述分析看出，集成融资模式下，WK 高速公路在项目生命周期不同阶段，密切关注、跟踪项目风险，并对利益相关者责、权、利进行实时调整。如果没有集成管理，风险识别只局限于启动阶段，利益相关者责、权、利及风险分配在规划阶段确定将无法更改，那么就不可能及时发现问题，解决问题，随着风险的累积最终导致项目失败。因此，集成融资模式通过对项目空间维、时间维、逻辑维的综合集成，始终保持管理的动态性、灵活性，能更好地兼顾参与各方的利益、实现项目目标。

## 4.5 本章小结

项目利益相关者关系的管理（人的问题）、项目生命周期的变化（时间的问题）、项目风险管理（事件与方法的问题），这些看起来彼此独立、互不相关的问题，在集成融资模式运行机制下被有效结合，构成系统。本章以霍尔三维模型为理论依据，构建 TOT 项目集成融资模式要素综合集成的三维模型。通过对三维模型中空间维、时间维、逻辑维单一维度、多维度之间的集成关系分析，明确了集成融资模式运行机制的内在机理。除了进行理论分析，本章还以 WK 高速公路项目作为具体案例进行分析，通过案例中的空间维要素随时间维、逻辑维的变化而变化，并反作用于逻辑维的事实，论证集成融资模式下项目多模式、多维度、多要素集成的原理。

# 第 5 章

# 基于 ZOPP 的项目核心风险因素
# 识别与应对研究

现实和潜在风险因素常常导致项目失败，参与各方利益受损。本书提出集成融资模式的目的就是为了更好地应对项目风险，实现项目目标。书中第4章对空间维的分析有项目效益评价这一内容，其结果起到风险预警作用，对预警信息的分析处理则要启动逻辑维，即风险管控程序。项目常常存在若干风险因素，项目资源却是有限的，如果能在众多风险因素中找到最核心的因素，对其进行重点管理，必将事半功倍，提高风险管控效率。对核心风险因素的应对又直接影响到利益相关方所承担的风险份额。因此，本章不仅根据风险预警信息识别、评估风险，找出核心风险因素，而且还规划出应对方案，此结论也是项目发起再谈判的重要依据。所以，基于 ZOPP 的风险因素分析是各维度动态集成的纽带。

ZOPP 的分析路径为：问题分析—明确目标—方案规划—方案实施与反馈。其中，问题分析包括梳理问题清单、确定核心问题、绘制问题树。核心问题的确定是关键，因此本章综合运用层次分析法（AHP）和专家研讨厅方法两种方法进行确定。绘制问题树需要厘清问题之间的因果关系，本书运用故障树分析法（FTA）对各风险因素进行定性与定量评估，明确各风险因素对核心风险的影响程度，以此为基础可以分析得到问题树，将问题树翻改为目标树即可进行方案规划。

# 5.1　梳理问题清单

问题是现实条件与人们需要之间的差异，项目整个生命周期任何阶段都可能存在问题。例如：因为竞争性项目的出现，使得基础设施项目收益不能实现预期；政府税收政策的更改使得项目运营成本增加；社会资本方不能按时、按量获得贷款，阻碍项目进度；等等。问题分析的对象可以是现实问题，也可以是潜在问题，特别是对潜在问题的分析可以更好地提高风险控制的效果，防患于未然，达到事前控制的目的。

通过实地调研、人员访谈、文献研究等方法，尽可能全面地发现并定义基础设施项目现存条件对目标的阻碍，或者发现现存条件与项目发展需要之间的差异，将项目所有问题以清单形式列出。如下所示：

（1）政策变更；

（2）通货膨胀；

（3）投资回收期长；

……

# 5.2　核心问题确定

在所有罗列的问题清单中，各个问题的重要性不同，从管理的本质来看，应该用最少的投入获得最大的产出，这就需要抓住事物的关键，因此核心问题的确定至关重要。核心问题是项目发展的关键和"瓶颈"，其他问题可能是核心问题的原因或结果，解决了核心问题，其他问题也就迎刃而解，而且核心问题对后续项目规划也具有决定性作用。研究中采用层次分析法（analytic hierarchy process，AHP）和专家研讨厅方法两种方法对项目存在的问题进行分析并最终确定核心问题，以达到相互验证、更加准确的目的。

### 5.2.1　运用层次分析法确定核心问题

层次分析法（AHP）是在 20 世纪 70 年代初由美国运筹学家匹茨堡大学教授萨蒂（Saaty T L）提出。该方法是通过将决策目标分解为目标层、准则层、方案层等层次，并进行定性与定量分析的决策方法（朱建军，2005）。由于其具有简洁实用、所需定量数据信息较少的优点而被广泛运用至各种决策问题中。层次分析法的基本步骤是：建立递阶层次结构、判断层次之间各要素相对重要性、求出各要素的权重、检验一致性、进行层次总排序。

递阶层次结构与相比较要素之间的强度关系把握不当就会影响层次分析法的结果质量，甚至是决策失败，因此，为了保障分析结果的准确性，研究中还选择专家研讨厅方法确定核心问题。

### 5.2.2　运用专家研讨厅方法确定核心问题

专家研讨厅是通过邀请许多可能来自各行各业的专家，他们在研讨主持人的引导下就某些问题进行讨论、判断和决策分析。研讨过程中，各个专家就各自的认识、经验、知识和灵感，对问题进行分析判断，直到形成一定的方案，然后提交给研讨厅，让所有参与研讨的专家进行讨论，对形成的一系列方案进行评价。研讨厅的目的就是从众多的专家意见中提炼出新的知识、最合理的问题定性和求解途径。在研讨过程中，通常希望专家在提出见解的同时，能够比较明确地指出有关见解的基本前提、理论或者实践依据、数据或者事实、算法或者模型。通过研讨，最大限度地使专家群体在问题的前提、

数据和方法上得到理解和共识,趋于一致。运用专家研讨厅方法确定核心问题的具体操作步骤如下:

第一阶段,了解信息。由于基础设施项目内容多、又复杂,各位专家的知识背景、专业、经验、认知等又都是不同的,所以要安排一定的时间给各位专家清楚地了解项目现状及其存在的问题。

第二阶段,讨论。在充分了解信息的基础上,召开讨论会,让各位专家发表自己的看法与意见,并进行记录。会议主持人把问题清单中所列问题逐一陈述,不同背景的各位专家就每一个问题发表自己的意见,以及给出这个意见的基本前提,对于某一个问题如果出现专家意见的分歧,会议记录员会将其记录。第一轮讨论结束后,问题清单被分别记录为意见统一的问题与意见有分歧的问题。接着,将以意见有分歧的问题为核心进行第二轮讨论,同样由每位专家阐明自己的观点,最后得出一致的结论,并进行记录。

第三阶段,专家打分。将经过多轮讨论并达成一致意见的问题清单制作成表格的形式分发给各位专家,进行专家打分。这一阶段的初次打分没有得到所有专家的共同认可,没有得到意见统一的打分结果,还将继续讨论。

第四阶段,再次讨论、打分。在第一轮打分的基础上,针对那些专家打分差异很大的问题组织再次讨论,最后给出意见一致的问题清单打分表。

第五阶段,明确关键问题。在最终专家意见统一的问题清单打分表中找出得分较高的问题,以打分表的形式再次发给各位专家,通过一轮讨论与评分最终得出关键问题。

## 5.3　运用 FTA 评估风险因素并梳理逻辑关系

故障树分析法(fault tree analysis,FTA)是分析系统故障和成因之间关系的因果逻辑模型,是 1961 年由美国贝尔研究室华特(Watson H A)首先提出,最初是用于导弹控制系统的设计,该方法有效提高了控制系统的可靠性(罗航,2010)。FTA 是一种图形演绎法,所以非常形象、直观,可以在清晰的故障树图形下,表达系统内在联系,并指出风险因素与系统风险之间的逻辑关系，找出系统的薄弱环节。

前面研究中已罗列问题清单、明确核心问题，这个部分将主要从定量角度，对各风险因素赋值，求出各风险因素对核心风险的影响程度，各风险因素之间存在的逻辑关系，以判断项目核心风险发生的概率，为进一步制定控制措施奠定基础。

### 5.3.1 准确定义并确定各类风险事件

根据风险理论，项目风险是发生于项目整个寿命周期内，会影响到项目的融资、项目目标（工期、成本和质量）的实现、项目正常运营的那些具有不确定性特征的事件，或者是可能会使项目遭受损失或损害，甚至失败的事件。前述问题清单中的各个事件正符合项目风险的定义，所以，问题清单中的事件也就是 FTA 的基本事件。

在定义的所有风险事件中确定出顶事件、基本事件和中间事件。顶事件是项目最不希望发生的事件，从顶事件出发可以建立故障树。将系统不再深究的事件称为底事件或基本事件，在顶事件和基本事件之间的一切事件均称为中间事件。

### 5.3.2 编制故障树

故障树是由顶事件出发找出导致各级事件发生的所有可能的直接原因，直到分析到底事件为止。编制故障树有自身特殊的符号，如表5.1所示。

**表5.1**                                   **故障树符号**

| 符号 | 含义 |
|---|---|
| ▭ | 代表顶事件、中间事件，是可以或需要继续往下深入分析的事件 |
| ○ | 代表基本事件，表示不能继续往下分析的事件，终止事件 |

| 符号 | 含义 |
|---|---|
| | 中间事件，位于顶事件和底事件之间的结果事件 |
| $A$<br>$B_1$ $B_2$ | 与门，表示 $B_1$ 和 $B_2$ 两个事件必须要同时发生，$A$ 事件才发生 |
| $A$<br>$B_1$ $B_2$ | 或门，表示 $B_1$ 或 $B_2$ 任一事件单独发生，$A$ 事件都可以发生 |

用相应的符号表示事件及其相互逻辑关系，联结成树形，即为故障树，如图 5.1 所示。

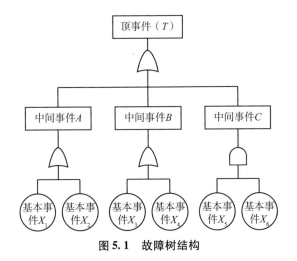

**图 5.1 故障树结构**

### 5.3.3 故障树的定性与定量分析

定量分析和定性分析要达到的目的是相同的，都是为了表明基本事件对顶事件的影响程度，但所用方法不一样，准确性不一样，在实践中可以形成互补。

### 5.3.3.1　故障树的定性分析

故障树定性分析就是分析风险的发生规律及特点，并依据故障树结构，分析各风险事件的重要程度。

（1）依据图 5.1，以布尔代数下行法表示故障树顶事件函数。

$$T = A + B + C = X_1 + X_2 + X_3 + X_4 + X_5 \times X_6 \tag{5.1}$$

其中：$T$ 表示顶事件；$A$、$B$、$C$ 分别表示中间事件；$X_i$ 表示基本事件。

（2）求最小割集。

故障树可以被分解成多组风险事件的集合，如果其中某一风险事件集合中的所有事件都发生时，一定会导致顶事件发生，那么，就把这个风险事件的集合称为故障树的一个割集；而如果把某一割集中的任意一个基本事件移走后，剩下的基本事件集合就不再是故障树的割集，那么，这样的集合被称为最小割集。尽管一个故障树中包含的最小割集可能不止一个，但是只要有一个最小割集发生，就一定会引发故障树的顶事件，所以，最小割集被认为是项目系统风险的充分必要条件。根据顶事件函数公式（5.1），可知最小割集如下：

一阶最小割集有 4 个，即：$X_1$，$X_2$，$X_3$，$X_4$

二阶最小割集有 1 个，即：$X_5 \times X_6$

（3）结构重要度分析。

结构重要度分析，就是仅从故障树的逻辑结构上分析底层基本事件对顶事件的影响程度。在上述所求得最小割集的基础上，可以通过以下的主要标准来判断结构重要度：第一，一阶最小割集的基本事件结构重要度是最大的；第二，在同一个最小割集中，所有基本事件的结构重要度都是相等的；第三，当各个最小割集中所含基本事件数相同的情况下，那些在不同割集中出现次数相同的基本事件，其结构重要度也是相等的；第四，出现的次数越多，其结构重要度越高；第五，出现的次数越少，则结构重要度越低。

以此为判断依据得出，所有一阶最小割集的结构重要度最大，其次为三阶最小割集的结构重要度。结构重要度用 $I(X_i)$ 表示，则有：

$$I(X_1) = I(X_2) = I(X_3) = I(X_4) > I(X_5) = I(X_6)$$

### 5.3.3.2 故障树的定量分析

定量分析是以各基本事件发生的概率为基础，求出顶事件的发生概率，然后求出各基本事件的概率重要度系数和临界重要度系数。对于概率重要度系数和临界重要度系数比较大的基本事件进行重点控制，可以有效降低顶事件发生的概率。

顶事件发生概率是通过将各基本事件发生概率代入顶事件函数公式（5.1）求得，其中，基本事件发生概率是通过专家意见得到。

（1）概率重要度。

概率重要度分析就是从定量的角度来分析每个基本事件概率大小对顶事件的影响程度，即：顶事件发生概率对基本事件概率的变化率，将顶事件概率函数对自变量求偏导。

$$I_i = \frac{\partial Q}{\partial X_i}, \ (i = 1, \ 2, \ 3, \ \cdots) \tag{5.2}$$

其中，$I_i$ 表示概率重要度，$Q$ 表示顶事件概率函数，$X_i$ 表示基本事件发生概率（自变量）。

（2）临界重要度。

临界重要度是对"敏感度"和"概率大小"两个方面所进行的分析，它是衡量基本事件对顶事件影响程度最直接、最明确指标。可以用"基本事件发生概率的变化率和顶事件发生概率的变化率的比值"来表示临界重要度函数，用公式表示为：

$$C = \frac{\dfrac{\partial Q}{Q}}{\dfrac{\partial q}{q}} \tag{5.3}$$

其中，$C$ 表示临界重要度，$\dfrac{\partial Q}{Q}$ 表示顶事件发生概率的变化率，$\dfrac{\partial q}{q}$ 表示基本事件发生概率的变化率。

通过求偏导，可得临界重要度系数与概率重要度系数的关系：

$$C = \frac{\partial \mathrm{Ln}Q}{\partial \mathrm{Ln}q} = \frac{q}{Q} \times I_p \qquad (5.4)$$

根据临界重要度系数由大到小的顺序可以将基本事件排序。

通过上面定性与定量的分析，将分析结果进行总结可以看出导致核心问题发生的主要原因。故障树分析使问题之间的层次关系、逻辑关系更加清晰，为后续问题树的绘制奠定基础。

# 5.4 目标导向的方案规划

## 5.4.1 绘制问题树

问题之间的逻辑关系通常可以表示为：线性关系、循环关系和"树"的关系，由于项目中存在的问题之间关系错综复杂，用"树"的关系进行描述最为恰当。因此，在上述对项目问题及问题间的逻辑关系进行了定性与定量描述的基础上，可以绘制出表示问题之间清晰逻辑关系的问题树，如图 5.2 所示。

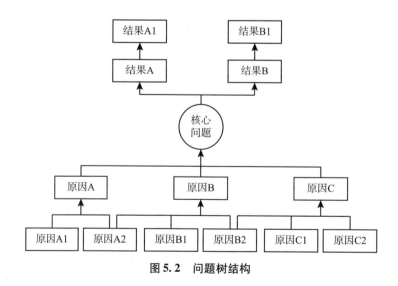

图 5.2　问题树结构

## 5.4.2 翻改目标树

项目目标就是问题解决之后项目将达到的理想状态，是项目设置的基础，而项目就是解决问题的措施。

首先，将问题翻改为相应的目标，例如：问题是"融资成本高"，翻改为目标是"降低融资成本"，在将问题翻改为目标时，可以对原问题进行再次检查，看问题是否描述清晰，问题的内容是否准确，如果原问题在描述和内容上是模糊的，则要进行重新分析，直到清晰准确为止。

其次，将问题树直接翻改为目标树，如图 5.3 所示。

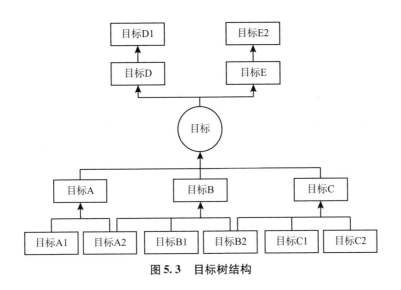

图 5.3 目标树结构

## 5.4.3 方案规划

将目标树中的所有目标，不分位置高低或重要程度大小，按照相似或者相近的程度进行目标归类，组合成多个目标群（如图 5.4 所示）。图 5.4 显示，该目标树被划分为三个目标群，每个目标群即为一个方案。

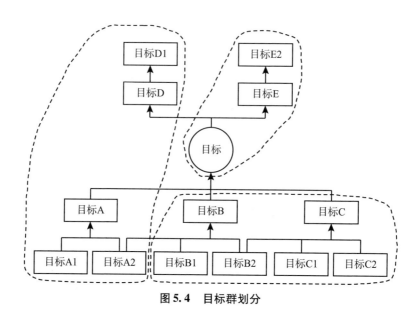

图 5.4　目标群划分

### 5.4.4　方案选优

由于外部环境和项目内部资源的限制，规划出来的方案不可能同时开展，只能在其中选出最重要、最紧迫的方案优先实施。因此需要进行选优排序，可以借助"方案选优排序评价矩阵"完成（如表 5.2 所示）。

表 5.2　　　　　　　　　　　方案选优排序评价矩阵

| 指标（$i$） | 权重（$w_i$） | 方案 1 | | | | 方案 2 | | | | 方案 3 | | | |
|---|---|---|---|---|---|---|---|---|---|---|---|---|---|
| | | 得分（$x_i$） | 社会专家 | 经济专家 | 技术专家 | 得分（$x_i$） | 社会专家 | 经济专家 | 技术专家 | 得分（$x_i$） | 社会专家 | 经济专家 | 技术专家 |
| 项目受益人数 | | | | | | | | | | | | | |
| 项目参与程度 | | | | | | | | | | | | | |
| 项目对当地优势/资源的利用程度 | | | | | | | | | | | | | |
| 项目对环境的影响 | | | | | | | | | | | | | |
| 项目对当地就业、扶贫贡献程度 | | | | | | | | | | | | | |
| 项目的可承担性 | | | | | | | | | | | | | |

| 指标（$i$） | 权重（$w_i$） | 方案 1 | | | | 方案 2 | | | | 方案 3 | | | |
|---|---|---|---|---|---|---|---|---|---|---|---|---|---|
| | | 得分（$x_i$） | 社会专家 | 经济专家 | 技术专家 | 得分（$x_i$） | 社会专家 | 经济专家 | 技术专家 | 得分（$x_i$） | 社会专家 | 经济专家 | 技术专家 |
| 项目提供经验 | | | | | | | | | | | | | |
| 项目的经济效益 | | | | | | | | | | | | | |
| 得分值（$x$） | | | | | | | | | | | | | |

注：专家打分：好——5分，中等——3分，差——1分。

方案每个指标得分值：

$$x_i = 专家打分总和 \times 权重 \qquad (5.5)$$

每个方案最终得分值：

$$x = \sum_{i=1}^{n} x_i \qquad (5.6)$$

将矩阵表中各方案按得分高低进行排序，分数最高的即为优先实施的方案。

经过上述各步骤，项目问题从被识别、被分析，明确核心问题，到厘清问题间的逻辑关系，并最终规划出问题解决方案，主要从理论分析方法的角度对项目关键影响因素识别路径进行了研究，为了对该路径有更加具体的认识，本章将通过案例研究模拟演示该路径的实施，并通过实施结果检验该路径的有效性。

## 5.5 案 例 分 析

本章所用案例仍为 WK 高速公路，并以第 4 章案例研究结论为线索展开论述。根据第 4 章第 4.4.3 节得出结论：项目经济效益不佳，社会资本方没有实现预期目标。因此，需要及时分析问题并采取措施解决。这一部分的研究是对项目风险的识别、评估与应对。

### 5.5.1 梳理 WK 高速公路项目的问题清单

在对 WK 高速公路进行深入调查了解的基础上，采用头脑风暴法找出影响 WK 高速公路运营的问题，并以问题清单的形式将这些问题列出，如表 5.3 所示。

**表 5.3** 问题清单

| 类别 | 题项 |
|---|---|
| （1）政府政策 | ①政策一致连贯性差 |
|  | ②相关政策规定不完善 |
|  | ③对参与方协调机制不完善 |
|  | ④政府监管体系不完善 |
|  | ⑤价格机制不完善 |
|  | ⑥政策法规执行不到位 |
|  | ⑦宏观政策支持力度不够 |
|  | ⑧现行法规对政府扶持的限制较多 |
|  | ⑨国家的信用政策支持不足 |
| （2）法律 | ①法律法规不完善 |
|  | ②出现争议，缺少相关解决办法 |
|  | ③缺乏有效的针对国内民间投资的立法 |
|  | ④缺乏适用于特许协议的国家级法规 |
|  | ⑤法律法规发生变更 |
|  | ⑥税率变更 |
| （3）政府信用 | ①政府无法完全履行合同 |
|  | ②政府没有完全兑现承诺 |
|  | ③优惠政策未落实 |
| （4）市场 | ①项目运营收入不足 |
|  | ②通行车流量小 |
|  | ③项目收入来源单一 |
|  | ④存在竞争性项目 |
|  | ⑤市场需求发生变化 |
|  | ⑥经济效益受制约 |

续表

| 类别 | 题项 |
|---|---|
| （5）项目运营管理 | ①管理者经验和能力不足 |
| | ②劳动力素质差 |
| | ③存在上有政策、下有对策的现象 |
| | ④智能化管理水平不高 |
| | ⑤部门协同联动经验欠缺 |
| | ⑥原材料、能源不足 |
| （6）项目维护 | ①预防性养护不到位 |
| | ②养护管理经验欠缺 |
| | ③养护管理制度不完善 |
| | ④从事养护管理工作人员专业水平不高 |
| | ⑤项目维护成本高 |
| | ⑥原材料和劳动力物价上涨 |
| （7）项目合同 | ①特许经营期不够准确 |
| | ②特许经营期内现金流量估算不准确 |
| | ③运营成本估算不准确 |
| | ④特许经营期估算方法选择不够科学 |
| | ⑤贴现率确定不合理 |
| | ⑥项目参与各方的权利和义务规定不全面 |
| | ⑦项目参与各方的权利和义务规定不全面 |
| | ⑧对各方主体的违约责任未予以明确规定 |
| | ⑨合同变更 |
| （8）金融因素 | ①通货膨胀 |
| | ②利率变动 |
| | ③汇率变动 |
| （9）项目融资 | ①项目融资困难，后续融资压力大 |
| | ②缺乏商业性及政策性金融机构的足够支持 |
| | ③融资渠道单一 |
| | ④融资结构不合理 |

续表

| 类别 | 题项 |
|------|------|
| （9）项目融资 | ⑤金融市场不健全 |
| | ⑥融资成本高 |
| （10）风险管控 | ①风险管控体系不完善 |
| | ②风险因素的识别不全面 |
| | ③风险监控制度欠缺 |
| | ④风险分担体系不完善 |
| （11）生态环境 | ①资源浪费严重 |
| | ②资源利用不充分 |
| | ③资源开发规划不合理 |
| | ④环境污染问题突出 |
| | ⑤空气污染 |
| | ⑥噪声污染 |
| | ⑦污水排放、油污污染 |
| （12）公众权益 | ①过路费高 |
| | ②道路质量下降 |
| | ③公众参与度低 |
| | ④政府不重视 |
| | ⑤缺乏公众信息反馈渠道 |
| | ⑥对项目认知程度低 |
| （13）项目参与各方信息不对称 | ①政府信息不透明 |
| | ②"听证会"制度没有严格落实 |
| | ③与项目公司沟通力度不够 |
| | ④缺乏有效的沟通渠道 |

## 5.5.2 分析 WK 高速公路运营中的关键影响因素

明确对 WK 高速公路运营产生影响的核心问题是 ZOPP 分析路径的关键环节，为了减少确定核心问题的偏差，研究中采用了层次分析法和专家研讨厅方法两种不同的方法进行分析比较。

### 5.5.2.1 运用层次分析法（AHP）分析核心问题

（1）构造递阶层次结构。

由于表5.3"问题清单"中所罗列的问题比较多，因此考虑采用两次层次分析法。先将问题清单中的政府政策、法律、政府信用、市场、项目运营管理、项目维护、项目合同、金融因素、项目融资、风险管控、生态环境、公众权益、项目参与各方信息不对称这13个大的方面进行一次分析，找出比较重要的问题。通过分析13个因素之间的相互关系，构造递阶层次结构，如图5.5所示。

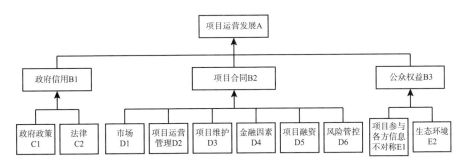

**图 5.5　WK 高速公路项目递阶层次结构**

（2）构造判断矩阵。

依据上面递阶层次结构图，构造两两比较判断矩阵，计算权重，检验一致性。具体如表5.4至表5.7所示。

表 5.4　　　　　　　以 A 为准则的判断矩阵、权重及一致性检验

| 项目 | B1 | B2 | B3 | 权重 | 临界值 |
|------|------|------|------|------|--------|
| B1 | 1 | 1/3 | 3 | 0.2583 | |
| B2 | 3 | 1 | 5 | 0.6370 | 0.037 < 0.1 |
| B3 | 1/3 | 1/5 | 1 | 0.1047 | |

表5.5　　　　　　　　**以 B1 为准则的判断矩阵、权重及一致性检验**

| 项目 | C1 | C2 | 权重 | 临界值 |
|------|----|----|------|--------|
| C1 | 1 | 1/3 | 0.25 | 0 < 0.1 |
| C2 | 3 | 1 | 0.75 | |

表5.6　　　　　　　　**以 B2 为准则的判断矩阵、权重及一致性检验**

| 项目 | D1 | D2 | D3 | D4 | D5 | D6 | 权重 | 临界值 |
|------|----|----|----|----|----|----|------|--------|
| D1 | 1 | 5 | 7 | 6 | 5 | 6 | 0.4855 | |
| D2 | 1/5 | 1 | 4 | 5 | 3 | 4 | 0.2153 | |
| D3 | 1/7 | 1/4 | 1 | 3 | 1/3 | 3 | 0.0778 | 0.0989 < 0.1 |
| D4 | 1/6 | 1/5 | 1/3 | 1 | 1/4 | 1/3 | 0.0353 | |
| D5 | 1/5 | 1/3 | 3 | 4 | 1 | 3 | 0.1307 | |
| D6 | 1/6 | 1/4 | 1/3 | 3 | 1/3 | 1 | 0.0554 | |

表5.7　　　　　　　　**以 B3 为准则的判断矩阵、权重及一致性检验**

| B3 | E1 | E2 | 权重 | 临界值 |
|----|----|----|------|--------|
| E1 | 1 | 1/4 | 0.2 | 0 < 0.1 |
| E2 | 4 | 1 | 0.8 | |

表5.4 至表5.7 中，可以看出各表中所有的一致性比率都小于0.1，通过了一致性检验，说明上面两两比较判断矩阵中的各项数值均在可接受范围内。

然后进行层次总排序，就是计算最低层次因素相对于总目标的权重，并检验一致性。通过计算得层次总排序结果如图5.6 所示，一致性比例为0.0370，具有满意一致性。

在总排序中，市场方面问题最为重要，其次是法律问题。市场方面的问题包括有：项目运营收入不足；通行车流量小；项目收入来源单一；存在竞争性项目；市场需求发生变化；经济效益受制约。法律方面的问题包括：法

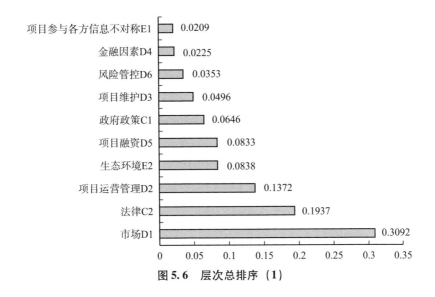

图 5.6 层次总排序（1）

律法规不完善；出现争议时缺少相关解决方法；缺乏有效的针对国内民间投资的立法；缺乏适用于特许协议的国家级法规；法律法规发生变更；税率变更。

为了进一步明确关键问题，本书着重对市场方面与法律方面问题再次进行层次分析，过程依然是绘制递阶层次结构图、构造两两比较判断矩阵、计算权重、检验一致性、进行层次总排序，由于采用的方法与计算过程与上面相同，所以，本书在这部分只列出递阶层次结构（如图 5.7 所示）及最终的总排序结果（如图 5.8 所示）。

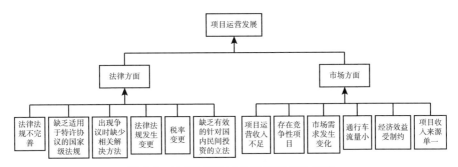

图 5.7 法律与市场方面的递阶层次结构

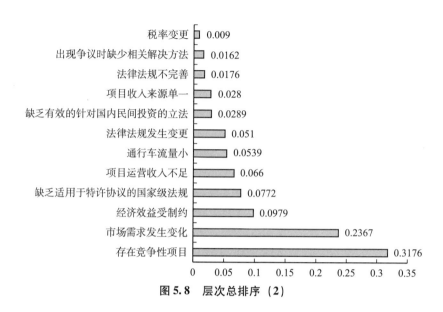

图 5.8　层次总排序（2）

在层次总排序图中可以看到，"存在竞争性项目"这个问题权重最大，因此是最为关键的问题。

### 5.5.2.2　运用专家研讨厅方法分析关键问题

核心问题的确定至关重要，对后续方案规划具有决定性作用，为了谨慎起见，本书还选择了专家研讨厅方法对核心问题进行再次分析确定。

专家研讨厅方法中的专家组成员由社会学、管理学、经济学和法律领域的专家和政府部门相关工作人员构成，共计 9 人，而且这些专家在自己的专业领域实务工作年限及理论研究年限都在 10 年以上，具有较强的专业技术水平及丰富的实践经验。依据分析步骤，专家首先了解信息，然后讨论、打分，并再次讨论、再次打分，最后给出意见一致的问题清单打分表，如表 5.8 所示。

表 5.8　　　　　　　WK 高速专家意见一致的问题清单打分表

| 编码 | 问题 | 权重 | | | | |
|---|---|---|---|---|---|---|
| | | 重要性 | 紧急性 | 核心性 | 可行性 | 总分 |
| L | 政策法律方面问题 | 0.4 | 0.1 | 0.3 | 0.2 | 1 |

续表

| 编码 | 问题 | 权重 | | | | |
|---|---|---|---|---|---|---|
| | | 重要性 | 紧急性 | 核心性 | 可行性 | 总分 |
| L-1 | 相关政策规定不完善 | 2 | 1 | 3 | 3 | 2.4 |
| L-1-1 | 对参与方协调机制不完善 | 3 | 1 | 2 | 2 | 2.3 |
| L-1-2 | 政府监管体系不完善 | 2 | 1 | 3 | 2 | 2.2 |
| L-1-3 | 价格机制不完善 | 3 | 2 | 2 | 3 | 2.6 |
| L-2 | 政策法律法规执行不到位 | 2 | 1 | 2 | 2 | 1.9 |
| L-3 | 宏观政策支持力度不够 | 2 | 2 | 3 | 3 | 2.5 |
| L-3-1 | 现行法规对政府扶持的限制较多 | 2 | 1 | 2 | 2 | 1.9 |
| L-3-2 | 国家的信用政策支持不足 | 3 | 2 | 3 | 2 | 2.7 |
| L-4 | 政策一致连贯性差 | 3 | 1 | 2 | 3 | 2.5 |
| L-5 | 法律法规不完善 | 2 | 1 | 3 | 2 | 2.2 |
| L-5-1 | 出现争议，缺少相关解决办法 | 3 | 1 | 3 | 2 | 2.6 |
| L-5-2 | 缺乏有效的针对国内民间投资的立法 | 3 | 2 | 3 | 3 | 2.9 |
| L-5-3 | 缺乏适用于特许协议的国家级法规 | 3 | 3 | 4 | 2 | 3.1 |
| L-6 | 法律法规发生变更 | 2 | 1 | 2 | 3 | 2.1 |
| G | 政府信用问题 | 0.3 | 0.2 | 0.4 | 0.1 | 1 |
| G-1 | 政府无法完全履行合同 | 4 | 1 | 5 | 3 | 3.7 |
| G-2 | 政府没有完全兑现承诺 | 4 | 2 | 5 | 2 | 3.8 |
| G-3 | 优惠政策未落实 | 3 | 1 | 3 | 2 | 2.5 |
| M | 市场方面问题 | 0.3 | 0.1 | 0.4 | 0.2 | 1 |
| M-1 | 项目运营收入不足 | 4 | 2 | 4 | 3 | 3.6 |
| M-1-1 | 通行车流量小 | 4 | 1 | 3 | 3 | 3.1 |
| M-1-2 | 项目收入来源单一 | 3 | 1 | 3 | 2 | 2.6 |
| M-2 | 存在竞争性项目 | 3 | 2 | 4 | 3 | 3.3 |
| M-3 | 市场需求发生变化 | 4 | 2 | 3 | 1 | 2.8 |
| M-4 | 经济效益受制约 | 3 | 1 | 4 | 2 | 3 |
| O | 项目运营管理方面问题 | 0.3 | 0.1 | 0.4 | 0.2 | 1 |
| O-1 | 管理者经验和能力不足 | 2 | 1 | 3 | 2 | 2.3 |

续表

| 编码 | 问题 | 权重 | | | | |
|------|------|------|------|------|------|------|
| | | 重要性 | 紧急性 | 核心性 | 可行性 | 总分 |
| O-2 | 劳动力素质差 | 2 | 1 | 2 | 3 | 2.1 |
| O-3 | 存在上有政策、下有对策的现象 | 3 | 1 | 2 | 2 | 2.2 |
| O-4 | 智能化管理水平不高 | 2 | 1 | 2 | 3 | 2.1 |
| O-5 | 部门协同联动经验欠缺 | 4 | 1 | 3 | 2 | 2.9 |
| O-6 | 原材料、能源不足 | 3 | 2 | 2 | 2 | 2.3 |
| W | 项目维护问题 | 0.3 | 0.2 | 0.4 | 0.1 | 1 |
| W-1 | 预防性养护不到位 | 3 | 2 | 3 | 3 | 2.8 |
| W-2 | 养护管理经验欠缺 | 3 | 2 | 2 | 2 | 2.3 |
| W-3 | 养护管理制度不完善 | 3 | 2 | 2 | 3 | 2.4 |
| W-4 | 从事养护管理工作人员专业水平不高 | 3 | 2 | 3 | 3 | 2.8 |
| W-5 | 项目维护成本高 | 3 | 2 | 3 | 2 | 2.7 |
| C | 项目合同方面问题 | 0.3 | 0.1 | 0.4 | 0.2 | 1 |
| C-1 | 特许经营期不够准确 | 4 | 2 | 5 | 2 | 3.8 |
| C-1-1 | 特许经营期内现金流量估算不准确 | 3 | 2 | 2 | 2 | 2.3 |
| C-1-2 | 运营成本估算不准确 | 4 | 2 | 2 | 3 | 2.8 |
| C-1-3 | 特许经营期估算方法选择不够科学 | 3 | 2 | 3 | 2 | 2.7 |
| C-1-4 | 贴现率确定不合理 | 4 | 1 | 2 | 2 | 2.5 |
| C-2 | 项目参与各方的权利和义务规定不全面 | 5 | 2 | 4 | 3 | 3.9 |
| C-2-1 | 对各方主体的违约责任未予以明确规定 | 3 | 2 | 3 | 2 | 2.7 |
| C-2-2 | 协议终止的规定不明确 | 3 | 1 | 3 | 2 | 2.6 |
| C-3 | 合同变更 | 3 | 2 | 3 | 2 | 2.8 |
| F | 金融因素方面问题 | 0.4 | 0.1 | 0.3 | 0.2 | 1 |
| F-1 | 通货膨胀 | 3 | 1 | 3 | 2 | 2.6 |
| F-2 | 利率变动 | 3 | 2 | 3 | 2 | 2.7 |
| F-3 | 汇率变动 | 3 | 2 | 2 | 2 | 2.4 |
| A | 项目融资方面问题 | 0.3 | 0.1 | 0.4 | 0.2 | 1 |
| A-1 | 项目融资困难 | 3 | 2 | 4 | 2 | 3.1 |
| A-2 | 缺乏商业性及政策性金融机构的足够支持 | 3 | 2 | 3 | 3 | 2.9 |

续表

| 编码 | 问题 | 权重 | | | | |
|---|---|---|---|---|---|---|
| | | 重要性 | 紧急性 | 核心性 | 可行性 | 总分 |
| A-3 | 融资渠道单一 | 3 | 2 | 3 | 2 | 2.7 |
| A-4 | 融资结构不合理 | 3 | 1 | 3 | 2 | 2.6 |
| A-5 | 融资成本高 | 2 | 2 | 3 | 2 | 2.4 |
| R | 风险管控方面问题 | 0.3 | 0.2 | 0.4 | 0.1 | 1 |
| R-1 | 风险管控体系不完善 | 3 | 2 | 3 | 3 | 2.8 |
| R-2 | 风险因素的识别不全面 | 3 | 2 | 3 | 2 | 2.7 |
| R-3 | 风险监控制度欠缺 | 3 | 1 | 3 | 2 | 2.5 |
| R-4 | 风险分担体系不完善 | 3 | 2 | 2 | 3 | 2.4 |
| E | 生态环境问题 | 0.3 | 0.2 | 0.3 | 0.2 | 1 |
| E-1 | 资源浪费严重 | 3 | 2 | 3 | 3 | 2.8 |
| E-1-1 | 资源利用不充分 | 4 | 2 | 2 | 2 | 2.6 |
| E-1-2 | 资源开发规划不合理 | 4 | 3 | 5 | 3 | 3.9 |
| E-2 | 环境污染问题突出 | 3 | 2 | 3 | 2 | 2.6 |
| E-2-1 | 空气污染 | 3 | 1 | 3 | 1 | 2.2 |
| E-2-2 | 噪声污染 | 3 | 1 | 2 | 1 | 2.1 |
| E-2-3 | 污水排放、油污污染 | 3 | 2 | 2 | 1 | 2.3 |
| P | 公众权益问题 | 0.3 | 0.2 | 0.4 | 0.1 | 1 |
| P-1 | 过路费偏高 | 4 | 2 | 4 | 2 | 3.4 |
| P-2 | 公路质量下降 | 3 | 2 | 3 | 3 | 2.8 |
| P-3 | 公众参与度低 | 2 | 1 | 3 | 1 | 2.1 |
| P-3-1 | 政府不重视 | 3 | 1 | 3 | 1 | 2.5 |
| P-3-2 | 缺乏公众信息反馈渠道 | 2 | 2 | 3 | 1 | 2.3 |
| P-3-3 | 对项目认知程度低 | 3 | 1 | 2 | 1 | 2 |
| I | 项目参与各方信息沟通问题 | 0.4 | 0.1 | 0.3 | 0.2 | 1 |
| I-1 | 政府信息不透明 | 3 | 1 | 2 | 1 | 2.1 |
| I-2 | "听证会"制度没有严格落实 | 2 | 2 | 3 | 2 | 2.3 |
| I-3 | 与项目公司沟通力度不够 | 2 | 1 | 3 | 2 | 2.2 |
| I-4 | 缺乏有效的沟通渠道 | 3 | 2 | 3 | 2 | 2.7 |

在表 5.8 中找出得分较高的问题（如表 5.9 中所列问题），以打分表的形式再次发给各位专家，通过一轮讨论与评分最终得出关键问题。

表 5.9                    WK 高速得分较高的问题清单再次打分表

| 编码 | 问题 | 权重 | | | | |
|------|------|------|------|------|------|------|
| | | 重要性 | 紧急性 | 核心性 | 可行性 | 总分 |
| | | 0.3 | 0.2 | 0.4 | 0.1 | 1 |
| L-5-3 | 缺乏适用于特许协议的国家级法规 | 3 | 2 | 3 | 2 | 2.7 |
| G-1 | 政府无法完全履行合同 | 3 | 1 | 4 | 1 | 2.8 |
| G-2 | 政府没有完全兑现承诺 | 3 | 2 | 3 | 2 | 2.7 |
| M-1 | 项目运营收入不足 | 4 | 3 | 4 | 2 | 3.6 |
| M-1-1 | 通行车流量小 | 3 | 2 | 4 | 2 | 3.1 |
| M-2 | 存在竞争性项目 | 3 | 2 | 4 | 3 | 3.2 |
| M-4 | 经济效益受制约 | 4 | 3 | 5 | 3 | 4.1 |
| C-1 | 特许经营期不够准确 | 3 | 2 | 3 | 3 | 2.8 |
| C-2 | 项目参与各方的权利和义务规定不全面 | 3 | 2 | 4 | 3 | 3.2 |
| A-1 | 项目融资困难，后续融资压力大 | 3 | 2 | 3 | 3 | 2.8 |
| E-1-2 | 资源开发规划不合理 | 3 | 2 | 4 | 3 | 3.2 |
| P-1 | 过路费高 | 3 | 2 | 3 | 2 | 2.7 |

通过表 5.9 专家打分结果可以得出，关键问题是"经济效益受制约"。

前面采用层次分析法得到的关键问题是"存在竞争性项目"，与采用专家研讨厅方法得到的关键问题不同。然而，"存在竞争性项目"和"经济效益受制约"这两个问题都属于市场方面问题，总体说明项目运营过程中应该对市场方面的问题给予更多关注。关键问题只能是一个，因此再次组织专家进行讨论，从问题具有的代表性、归纳性出发，最终选择"经济效益受制约"作为关键问题。

## 5.5.3 对 WK 高速公路风险因素进行评估并梳理逻辑关系

这里运用故障树分析法（FTA），主要可以从定量的角度，通过对项目风险因素赋值，并借助 FTA 的具体方法，将 WK 高速公路项目各风险因素对核心风险的影响程度清晰地展现出来，以利于风险控制。

### 5.5.3.1 WK 高速公路项目风险因素评估

FTA 的运用必须要明确 WK 高速公路目前的风险事件。由于罗列问题清单时采用了头脑风暴法，强调的是尽可能多而全地提出问题，使得清单中有些问题主观性很强的，脱离实际，不利于 FTA 中分析问题之间的逻辑关系。因而，在确定 FTA 风险因素时，邀请相关领域的专家进行讨论与评估，并形成最终的风险事件清单。

首先，邀请到生态学、经济学、管理学、法律学方面的专家、学者以及高速公路管理人员，共计 7 人组成专家团队，将问题清单分发给他们，请这些专家学者从中选出他们认为最重要的问题。

其次，回收问题清单，并进行整理与归纳。综合专家意见后将问题清单中的事件分为两类：一类是专家意见一致的事件，另一类是专家意见有分歧的事件。将专家意见有分歧的事件重新制作成表格，再一次分发给每位专家，专家再次做出判断，再次将清单收回、整理、归纳，这样不断重复相同的程序，直到无法再提炼出意见一致的问题，这时将所有能够得到专家提议的事件进行整理并作为最后的风险因素清单。

最后，以专家达成一致意见为前提，确定出 43 个风险因素。依据本章表 5.1 中对基本事件与中间事件的定义，在 43 个风险因素中有 27 个作为基本事件，16 个作为中间事件。对于 27 个中间事件再次通过专家研讨给出了发生概率。具体如表 5.10（故障树风险描述）和表 5.11（基本事件表）所示。

**表 5.10** WK 高速故障树风险描述

| 编号 | 描述 |
|---|---|
| $T$ | 经济效益受制约 |
| $A$ | 政策法律法规执行不到位 |
| $A_1$ | 政策一致连贯性差 |
| $A_2$ | 法律法规不完善 |

续表

| 编号 | 描述 |
|---|---|
| $B$ | 项目运营收入不足 |
| $B_1$ | 项目收入来源单一 |
| $B_2$ | 通行车流量小 |
| $C$ | 合同变更 |
| $C_1$ | 特许经营期不够准确 |
| $C_2$ | 项目参与各方的权利和义务规定不全面 |
| $D$ | 项目融资困难 |
| $D_1$ | 融资成本高 |
| $D_2$ | 融资渠道单一 |
| $E$ | 公路质量下降 |
| $E_1$ | 预防性养护不到位 |
| $E_2$ | 政府监管体系不完善 |

**表 5.11**　　　　　　　　　　　　**WK 高速基本事件表**

| 编号 | 描述 | 概率（%） |
|---|---|---|
| $X_1$ | 优惠政策未落实 | 0.62 |
| $X_2$ | 政府没有完全兑现承诺 | 0.51 |
| $X_3$ | 出现争议时缺少相关解决办法 | 0.48 |
| $X_4$ | 缺乏有效的针对国内民间投资的立法 | 0.58 |
| $X_5$ | 缺乏适用于特许协议的国家级法规 | 0.63 |
| $X_6$ | 资源利用不充分 | 0.89 |
| $X_7$ | 资源开发规划不合理 | 0.95 |
| $X_8$ | 存在竞争性项目 | 0.92 |
| $X_9$ | 过路费偏高 | 0.82 |
| $X_{10}$ | 特许经营期内现金流量估算不准确 | 0.91 |
| $X_{11}$ | 运营成本估算不准确 | 0.78 |
| $X_{12}$ | 特许经营期估算方法选择不够科学 | 0.75 |

续表

| 编号 | 描述 | 概率（%） |
|---|---|---|
| $X_{13}$ | 对各方主体的违约责任未予以明确规定 | 0.71 |
| $X_{14}$ | 协议终止的规定不明确 | 0.88 |
| $X_{15}$ | 通货膨胀 | 0.57 |
| $X_{16}$ | 利率变动 | 0.45 |
| $X_{17}$ | 汇率变动 | 0.52 |
| $X_{18}$ | 融资结构不合理 | 0.61 |
| $X_{19}$ | 国家的信用政策支持不足 | 0.53 |
| $X_{20}$ | 缺乏商业性及政策性金融机构的足够支持 | 0.67 |
| $X_{21}$ | 金融市场不健全 | 0.43 |
| $X_{22}$ | 养护管理经验欠缺 | 0.76 |
| $X_{23}$ | 养护管理制度不完善 | 0.85 |
| $X_{24}$ | 从事养护管理工作人员专业水平不高 | 0.81 |
| $X_{25}$ | 政府不重视 | 0.62 |
| $X_{26}$ | 对项目认知程度低 | 0.73 |
| $X_{27}$ | 与项目公司沟通力度不够 | 0.79 |

### 5.5.3.2 绘制 WK 高速公路项目故障树

根据顶事件与中间事件、基本事件之间的逻辑关系，建立故障树，如图 5.9 所示。

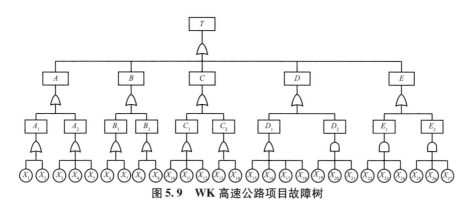

**图 5.9 WK 高速公路项目故障树**

### 5.5.3.3　对风险因素逻辑关系进行定性分析

（1）确定顶事件函数。

运用布尔代数下行法来表示故障树顶事件函数：

$$
\begin{aligned}
T &= A + B + C + D + E \\
&= A_1 + A_2 + B_1 + B_2 + C_1 + C_2 + D_1 + D_2 + E_1 + E_2 \\
&= X_1 + X_2 + X_3 + X_4 + X_5 + X_6 + X_7 + X_8 + X_9 + X_{10} + X_{11} + X_{12} + X_{13} \\
&\quad + X_{14} + X_{15} + X_{16} + X_{17} + X_{18} + X_{19} \times X_{20} \times X_{21} + X_{22} \times X_{23} \times X_{24} \\
&\quad + X_{25} \times X_{26} \times X_{27}
\end{aligned}
\tag{5.6}
$$

（2）求最小割集。

根据顶事件函数，可知最小割集如下：

一阶最小割集有 18 个，即：$X_1$，$X_2$，$X_3$，$X_4$，$X_5$，$X_6$，$X_7$，$X_8$，$X_9$，$X_{10}$，$X_{11}$，$X_{12}$，$X_{13}$，$X_{14}$，$X_{15}$，$X_{16}$，$X_{17}$，$X_{18}$。

三阶最小割集有 3 个，即：$X_{19} \times X_{20} \times X_{21}$，$X_{22} \times X_{23} \times X_{24}$，$X_{25} \times X_{26} \times X_{27}$。

（3）结构重要度分析。

依据本章第 5.3.3.1 节给出的结构重要度判断标准，可得：所有一阶最小割集的结构重要度最大，其次为三阶最小割集的结构重要度。即：$I(X_1) = I(X_2) = I(X_3) = I(X_4) = I(X_5) = I(X_6) = I(X_7) = I(X_8) = I(X_9) = I(X_{10}) = I(X_{11}) = I(X_{12}) = I(X_{13}) = I(X_{14}) = I(X_{15}) = I(X_{16}) = I(X_{17}) = I(X_{18}) > I(X_{19}) = I(X_{20}) = I(X_{21}) = I(X_{22}) = I(X_{23}) = I(X_{24}) = I(X_{25}) = I(X_{26}) = I(X_{27})$。

### 5.5.3.4　对风险因素逻辑关系进行定量分析

（1）计算顶事件的发生概率。

将表 5.11 中的概率代入公式（5.6）顶事件的结构函数，可得：

$$
\begin{aligned}
T &= X_1 + X_2 + X_3 + X_4 + X_5 + X_6 + X_7 + X_8 + X_9 + X_{10} + X_{11} + X_{12} + X_{13} \\
&\quad + X_{14} + X_{15} + X_{16} + X_{17} + X_{18} + X_{19} \times X_{20} \times X_{21} + X_{22} \times X_{23} \times X_{24} \\
&\quad + X_{25} \times X_{26} \times X_{27} \\
&= 0.0062 + 0.0051 + 0.0048 + 0.0058 + 0.0063 + 0.0089 + 0.0095 \\
&\quad + 0.0092 + 0.0082 + 0.0091 + 0.0078 + 0.0075 + 0.0071 + 0.0088
\end{aligned}
$$

$$+0.0057 + 0.0045 + 0.0052 + 0.0061 + 0.0053 \times 0.0067 \times 0.0043$$

$$+0.0076 \times 0.0085 \times 0.0081 + 0.0062 \times 0.0073 \times 0.0079$$

$$=0.1258$$

$$=12.58\%$$

通过相关数据计算顶事件的概率，可知顶事件概率为 12.58%，即 27 个基本事件发生对顶事件的影响概率为 12.58%。

对顶事件发生概率影响最大的仍然是一阶最小割集中的单事件，对顶事件发生概率影响最小的是三阶最小割集。因此，在进行风险控制时，应重点关注一阶最小割集中的单事件，提前做好风险防范措施。

基本事件发生对顶事件的影响概率为 12.58%。这个概率虽然不是很高，然而一旦发生，可直接导致项目失败，影响非常大，因此要给予高度重视。从目前来看，导致顶事件发生的有政策法律法规执行不到位、项目收益不足、合同变更、项目融资困难、公路质量下降五大类风险和 27 个基本风险事件。接下来，要进一步分析对顶事件影响比较大的基本事件，只有从根源找到关键诱因，才能积极采取应对措施以避免顶事件的发生。

（2）概率重要度。

依据公式（5.2），即：$I_i = \dfrac{\partial Q}{\partial X_i}$，可求得各基本事件的概率重要度：

$I(X_1) = I(X_2) = I(X_3) = I(X_4) = I(X_5) = I(X_6) = I(X_7) = I(X_8) = I(X_9) = I(X_{10}) = I(X_{11}) = I(X_{12}) = I(X_{13}) = I(X_{14}) = I(X_{15}) = I(X_{16}) = I(X_{17}) = I(X_{18}) = 1$

$I(X_{19}) = X_{20} \times X_{21} = 0.0067 \times 0.0043 = 0.0029\%$

$I(X_{20}) = X_{19} \times X_{21} = 0.0053 \times 0.0043 = 0.0023\%$

$I(X_{21}) = X_{19} \times X_{20} = 0.0053 \times 0.0067 = 0.0036\%$

$I(X_{22}) = X_{23} \times X_{24} = 0.0085 \times 0.0081 = 0.0069\%$

$I(X_{23}) = X_{22} \times X_{24} = 0.0076 \times 0.0081 = 0.0062\%$

$I(X_{24}) = X_{22} \times X_{23} = 0.0076 \times 0.0085 = 0.0065\%$

$I(X_{25}) = X_{26} \times X_{27} = 0.0073 \times 0.0079 = 0.0058\%$

$I(X_{26}) = X_{25} \times X_{27} = 0.0062 \times 0.0079 = 0.0049\%$

$I(X_{27}) = X_{25} \times X_{26} = 0.0062 \times 0.0073 = 0.0045\%$

（3）临界重要度。

依据公式（5.4），即：$C = \dfrac{\partial \mathrm{Ln}Q}{\partial \mathrm{Ln}q} = \dfrac{q}{Q} I_p$，可求得：

$C(X_1) = \dfrac{0.0062}{0.1258} \times 1 = 0.0493,$

$C(X_2) = 0.0405,\quad C(X_3) = 0.0382,\quad C(X_4) = 0.0461,\quad C(X_5) = 0.0501$

$C(X_6) = 0.0707,\quad C(X_7) = 0.0755,\quad C(X_8) = 0.0731,\quad C(X_9) = 0.0652$

$C(X_{10}) = 0.0723,\quad C(X_{11}) = 0.0620,\quad C(X_{12}) = 0.0596,\quad C(X_{13}) = 0.0564$

$C(X_{14}) = 0.0700,\quad C(X_{15}) = 0.0453,\quad C(X_{16}) = 0.0358,\quad C(X_{17}) = 0.0413$

$C(X_{18}) = 0.0485,\quad C(X_{19}) = 1.2209 \times 10^{-6},\quad C(X_{20}) = 1.2259 \times 10^{-6}$

$C(X_{21}) = 1.2312 \times 10^{-6},\quad C(X_{22}) = 4.1676 \times 10^{-6},\quad C(X_{23}) = 4.1912 \times 10^{-6}$

$C(X_{24}) = 4.186 \times 10^{-6},\quad C(X_{25}) = 2.8594 \times 10^{-6},\quad C(X_{26}) = 2.842 \times 10^{-6}$

$C(X_{27}) = 2.826 \times 10^{-6}$

根据临界重要度系数由大到小的顺序可以将基本事件排序为：

$X_7$，$X_8$，$X_{10}$，$X_6$，$X_{14}$，$X_9$，$X_{11}$，$X_{12}$，$X_{13}$，$X_5$，$X_1$，$X_{18}$，$X_4$，$X_{15}$，$X_{17}$，$X_2$，$X_3$，$X_{16}$，$X_{23}$，$X_{24}$，$X_{22}$，$X_{25}$，$X_{26}$，$X_{27}$，$X_{21}$，$X_{20}$，$X_{19}$。

从整体排序看，排在前面的均是一阶最小割集的基本事件，后面的是三阶最小割集的基本事件，可见，最小割集中基本事件越少，其临界重要系数越大，对系统的影响也最大。

通过上面定性与定量的分析，将分析结果总结如表 5.12 所示。可以看出：导致 WK 高速公路经济效益受制约的主要原因是项目运营收入不足（$X_6$，$X_7$，$X_8$，$X_9$），合同变更（$X_{10}$，$X_{11}$，$X_{12}$，$X_{13}$，$X_{14}$）。

表 5.12　　　　　　　　　WK 高速公路项目故障树分析综合指标

| 编号 | 描述 | 概率（%） | 概率重要度 | 临界重要度 |
|---|---|---|---|---|
| $X_1$ | 优惠政策未落实 | 0.62 | 1 | 0.0493 |
| $X_2$ | 政府没有完全兑现承诺 | 0.51 | 1 | 0.0405 |
| $X_3$ | 出现争议时缺少相关解决办法 | 0.48 | 1 | 0.0382 |

续表

| 编号 | 描述 | 概率（%） | 概率重要度 | 临界重要度 |
|---|---|---|---|---|
| $X_4$ | 缺乏有效的针对国内民间投资的立法 | 0.58 | 1 | 0.0461 |
| $X_5$ | 缺乏适用于特许协议的国家级法规 | 0.63 | 1 | 0.0501 |
| $X_6$ | 资源利用不充分 | 0.89 | 1 | 0.0707 |
| $X_7$ | 资源开发规划不合理 | 0.95 | 1 | 0.0755 |
| $X_8$ | 存在竞争性项目 | 0.92 | 1 | 0.0731 |
| $X_9$ | 过路费偏高 | 0.82 | 1 | 0.0652 |
| $X_{10}$ | 特许经营期内现金流量估算不准确 | 0.91 | 1 | 0.0723 |
| $X_{11}$ | 运营成本估算不准确 | 0.78 | 1 | 0.0620 |
| $X_{12}$ | 特许经营期估算方法选择不够科学 | 0.75 | 1 | 0.0596 |
| $X_{13}$ | 对各方主体的违约责任未予以明确规定 | 0.71 | 1 | 0.0564 |
| $X_{14}$ | 协议终止的规定不明确 | 0.88 | 1 | 0.0700 |
| $X_{15}$ | 通货膨胀 | 0.57 | 1 | 0.0453 |
| $X_{16}$ | 利率变动 | 0.45 | 1 | 0.0358 |
| $X_{17}$ | 汇率变动 | 0.52 | 1 | 0.0413 |
| $X_{18}$ | 融资结构不合理 | 0.61 | 1 | 0.0485 |
| $X_{19}$ | 国家的信用政策支持不足 | 0.53 | 0.0029% | $1.2209 \times 10^{-6}$ |
| $X_{20}$ | 缺乏商业性及政策性金融机构的足够支持 | 0.67 | 0.0023% | $1.2259 \times 10^{-6}$ |
| $X_{21}$ | 金融市场不健全 | 0.43 | 0.0036% | $1.2312 \times 10^{-6}$ |
| $X_{22}$ | 养护管理经验欠缺 | 0.76 | 0.0069% | $4.1676 \times 10^{-6}$ |
| $X_{23}$ | 养护管理制度不完善 | 0.85 | 0.0062% | $4.1912 \times 10^{-6}$ |
| $X_{24}$ | 从事养护管理工作人员专业水平不高 | 0.81 | 0.0065% | $4.186 \times 10^{-6}$ |
| $X_{25}$ | 政府不重视 | 0.62 | 0.0058% | $2.8594 \times 10^{-6}$ |
| $X_{26}$ | 对项目认知程度低 | 0.73 | 0.0049% | $2.842 \times 10^{-6}$ |
| $X_{27}$ | 与项目公司沟通力度不够 | 0.79 | 0.0045% | $2.826 \times 10^{-6}$ |

## 5.5.4 构建 WK 高速公路项目问题树

依据前面确定的核心问题及问题之间逻辑关系的梳理，构建问题树如图 5.10 所示。

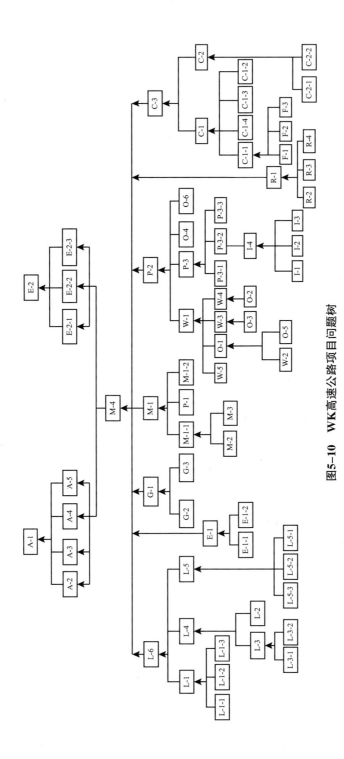

图5-10　WK高速公路项目问题树

## 5.5.5 编制 WK 高速公路项目目标树

有了问题树，接下来的任务是明确问题解决之后项目将达到什么样的理想状态，也就是项目未来的方向，即目标。目标是方案设置的基础。

将上述问题树中的问题转化为相应的目标，如表 5.13 所示。

表 5.13　　　　　　　　　　　　WK 高速公路项目目标

| 问题编码 | 问题（原因） | 目标编码 | 目标（结果） |
|---|---|---|---|
| L-1 | 相关政策规定不完善 | L'-1 | 完善相关政策 |
| L-1-1 | 对参与方协调机制不完善 | L'-1-1 | 完善项目参与方协调机制 |
| L-1-2 | 政府监管体系不完善 | L'-1-2 | 完善政府监管体系 |
| L-1-3 | 价格机制不完善 | L'-1-3 | 完善价格机制 |
| L-2 | 政策法律法规执行不到位 | L'-2 | 加强政策法律法规执行力度 |
| L-3 | 宏观政策支持力度不够 | L'-3 | 加强宏观政策支持力度 |
| L-3-1 | 现行法规对政府扶持的限制较多 | L'-3-1 | 完善对政府扶持进行限制的相关法规 |
| L-3-2 | 国家的信用政策支持不足 | L'-3-2 | 加强国家信用政策的支持力度 |
| L-4 | 政策一致连贯性差 | L'-4 | 加强政策的一致连贯性 |
| L-5 | 法律法规不完善 | L'-5 | 完善法律法规 |
| L-5-1 | 出现争议，缺少相关解决办法 | L'-5-1 | 完善出现争议时的解决办法 |
| L-5-2 | 缺乏有效的针对国内民间投资的立法 | L'-5-2 | 制定有效的针对国内民间投资的立法 |
| L-5-3 | 缺乏适用于特许协议的国家级法规 | L'-5-3 | 制定适用于特许协议的国家级法规 |
| L-6 | 法律法规发生变更 | L'-6 | 增强法律法规的稳定性 |
| G-1 | 政府无法完全履行合同 | G'-1 | 政府严格履行合同 |
| G-2 | 政府没有完全兑现承诺 | G'-2 | 政府兑现承诺 |
| G-3 | 优惠政策未落实 | G'-3 | 落实优惠政策 |
| M-1 | 项目运营收入不足 | M'-1 | 增加项目运营收入 |
| M-1-1 | 通行车流量小 | M'-1-1 | 增加通行车流量 |
| M-1-2 | 项目收入来源单一 | M'-1-2 | 增加项目收益来源 |

续表

| 问题编码 | 问题（原因） | 目标编码 | 目标（结果） |
|---|---|---|---|
| M-2 | 存在竞争性项目 | M′-2 | 缓解与竞争性项目的冲突 |
| M-3 | 市场需求发生变化 | M′-3 | 适应市场需求的变化 |
| M-4 | 经济效益受制约 | M′-4 | 提升经济效益 |
| O-1 | 管理者经验和能力不足 | O′-1 | 提高管理者经验和能力 |
| O-2 | 劳动力素质差 | O′-2 | 提高劳动力素质 |
| O-3 | 存在上有政策、下有对策的现象 | O′-3 | 加强政策的执行与监督 |
| O-4 | 智能化管理水平不高 | O′-4 | 提升智能化管理水平 |
| O-5 | 部门协同联动经验欠缺 | O′-5 | 加强部门间的协同联动 |
| O-6 | 原材料、能源不足 | O′-6 | 保障原材料与能源的供应 |
| W-1 | 预防性养护不到位 | W′-1 | 加强预防性养护 |
| W-2 | 养护管理经验欠缺 | W′-2 | 积累养护管理经验 |
| W-3 | 养护管理制度不完善 | W′-3 | 完善养护管理制度 |
| W-4 | 从事养护管理工作人员专业水平不高 | W′-4 | 提高养护管理工作人员专业水平 |
| W-5 | 项目维护成本高 | W′-5 | 控制项目维护成本 |
| C-1 | 特许经营期不够准确 | C′-1 | 提高特许经营期准确性 |
| C-1-1 | 特许经营期内现金流量估算不准确 | C′-1-1 | 特许经营期内现金流估算更加准确 |
| C-1-2 | 运营成本估算不准确 | C′-1-2 | 运营成本估算更加准确 |
| C-1-3 | 特许经营期估算方法选择不够科学 | C′-1-3 | 选择科学的特许经营期估算方法 |
| C-1-4 | 贴现率确定不合理 | C′-1-4 | 确定合理的贴现率 |
| C-2 | 项目参与各方的权利和义务规定不全面 | C′-2 | 对项目参与各方的权利和义务进行全面的规定 |
| C-2-1 | 对各方主体的违约责任未予以明确规定 | C′-2-1 | 对各方主体的违约责任予以明确规定 |
| C-2-2 | 协议终止的规定不明确 | C′-2-2 | 对协议终止的条件进行明确规定 |
| C-3 | 合同变更 | C′-3 | 避免合同变更 |
| F-1 | 通货膨胀 | F′-1 | 缓解通货膨胀带来的影响 |
| F-2 | 利率变动 | F′-2 | 缓解利率变动带来的影响 |
| F-3 | 汇率变动 | F′-3 | 缓解汇率变动带来的影响 |

续表

| 问题编码 | 问题（原因） | 目标编码 | 目标（结果） |
|---|---|---|---|
| A-1 | 项目融资困难 | A'-1 | 项目融资难度降低 |
| A-2 | 缺乏商业性及政策性金融机构的足够支持 | A'-2 | 获得商业性及政策性金融机构的支持 |
| A-3 | 融资渠道单一 | A'-3 | 增加融资渠道 |
| A-4 | 融资结构不合理 | A'-4 | 优化融资结构 |
| A-5 | 融资成本高 | A'-5 | 降低融资成本 |
| R-1 | 风险管控体系不完善 | R'-1 | 完善风险管控体系 |
| R-2 | 风险因素的识别不全面 | R'-2 | 全面识别风险因素 |
| R-3 | 风险监控制度欠缺 | R'-3 | 完善风险监控制度 |
| R-4 | 风险分担体系不完善 | R'-4 | 完善风险分担体系 |
| E-1 | 资源浪费严重 | E'-1 | 减少资源浪费 |
| E-1-1 | 资源利用不充分 | E'-1-1 | 充分利用资源 |
| E-1-2 | 资源开发规划不合理 | E'-1-2 | 优化资源开发规划 |
| E-2 | 环境污染问题突出 | E'-2 | 减少环境污染 |
| E-2-1 | 空气污染 | E'-2-1 | 减少空气污染 |
| E-2-2 | 噪声污染 | E'-2-2 | 减少噪声污染 |
| E-2-3 | 污水排放、油污污染 | E'-2-3 | 污水排放达标、减少油污污染 |
| P-1 | 过路费偏高 | P'-1 | 过路费合理 |
| P-2 | 公路质量下降 | P'-2 | 提高公路质量 |
| P-3 | 公众参与度低 | P'-3 | 提高公众参与度 |
| P-3-1 | 政府不重视 | P'-3-1 | 政府加强重视 |
| P-3-2 | 缺乏公众信息反馈渠道 | P'-3-2 | 建立公众信息反馈渠道 |
| P-3-3 | 对项目认知程度低 | P'-3-3 | 提高项目认知程度 |
| I-1 | 政府信息不透明 | I'-1 | 提高政府信息透明度 |
| I-2 | "听证会"制度没有严格落实 | I'-2 | 落实"听证会"制度 |
| I-3 | 与项目公司沟通力度不够 | I'-3 | 加强与项目公司的沟通 |
| I-4 | 缺乏有效的沟通渠道 | I'-4 | 建立有效的沟通渠道 |

根据问题树中各问题间的逻辑关系，构建出各个目标间的逻辑关系，就形成了"目标树"，如图 5.11 所示。

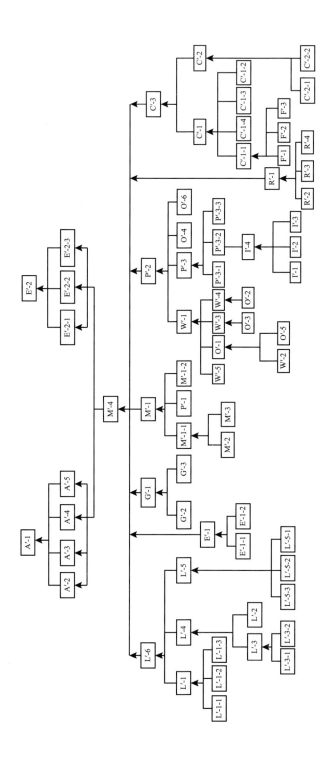

图5-11　WK高速公路项目目标树

## 5.5.6　选择问题的解决方案

完成目标"树"逻辑关系后，将目标"树"中所有相似或相近的目标归类，进行分群，形成目标群，"目标群"也就是"方案"，本案例中，目标群划分如下：

方案 1：增强法律法规的稳定性。

目标包括：L'-6、L'-1、L'-1-1、L'-1-2、L'-1-3、L'-2、L'-3、L'-3-1、L'-3-2、L'-4、L'-5、L'-5-1、L'-5-2、L'-5-3。

方案 2：增加项目运营收入。

目标包括：M'-1、M'-1-1、M'-1-2、M'-2、M'-3、P'-1、E'-1、E'-1-1、E'-1-2。

方案 3：提高公路质量。

目标包括：P'-2、P'-3、P'-3-1、P'-3-2、P'-3-3、I'-1、I'-2、I'-3、I'-4、O'-4、O'-6、W'-1、W'-2、W'-3、W'-4、O'-1、O'-2、O'-3、O'-5、W'-5、E'-2、E'-2-1、E'-2-2、E'-2-3。

方案 4：避免合同变更。

目标包括：C'-1、C'-1-1、C'-1-2、C'-1-3、C'-1-4、C'-2、C'-2-1、C'-2-2、G'-1、G'-2、G'-3、F'-1、F'-2、F'-3。

方案 5：优化融资环境。

目标包括：A'-1、A'-2、A'-3、A'-4、A'-5、R'-1、R'-2、R'-3、R'-4。

由于外部环境和项目内部资源的限制，不可能同时开展 5 个方案，只能在其中选出最重要、最紧迫的方案优先实施。本书借助"方案选优排序评价矩阵"，请相关专家就方案的关键指标进行评分，指标权重系数选择从 0~1。最后，通过综合评分对 5 个方案进行排序，如表 5.14 所示。

表5.14

**WK 高速方案选优排序评价矩阵**

| 指标（i） | 权重（$w_i$） | 方案1：增强法律法规的稳定性 | | | | 方案2：增加项目运营收入 | | | | 方案3：提高公路质量 | | | | 方案4：避免合同变更 | | | | 方案5：优化融资环境 | | | |
|---|---|---|---|---|---|---|---|---|---|---|---|---|---|---|---|---|---|---|---|---|---|
| | | 得分（$x_i$） | 社会专家 | 经济专家 | 技术专家 | 得分（$x_i$） | 社会专家 | 经济专家 | 技术专家 | 得分（$x_i$） | 社会专家 | 经济专家 | 技术专家 | 得分（$x_i$） | 社会专家 | 经济专家 | 技术专家 | 得分（$x_i$） | 社会专家 | 经济专家 | 技术专家 |
| 项目的受益人数 | 0.9 | 9.9 | 5 | 3 | 3 | 13.5 | 5 | 5 | 5 | 11.7 | 5 | 4 | 4 | 8.1 | 3 | 3 | 3 | 9.9 | 4 | 4 | 3 |
| 项目参与程度 | 0.7 | 4.9 | 3 | 3 | 1 | 9.1 | 5 | 4 | 4 | 4.9 | 2 | 3 | 2 | 7.7 | 3 | 5 | 3 | 7 | 4 | 3 | 3 |
| 项目对当地优势/资源的利用程度 | 0.5 | 4.5 | 3 | 3 | 3 | 7 | 5 | 5 | 4 | 5 | 3 | 4 | 3 | 6.5 | 4 | 5 | 4 | 5.5 | 3 | 5 | 3 |
| 项目对环境的影响 | 0.8 | 8.8 | 3 | 4 | 4 | 8 | 4 | 3 | 3 | 11.2 | 5 | 5 | 4 | 7.2 | 3 | 3 | 3 | 10.4 | 3 | 5 | 5 |
| 项目对当地就业、扶贫贡献程度 | 0.5 | 5.5 | 5 | 3 | 5 | 7 | 5 | 5 | 4 | 5.5 | 4 | 4 | 3 | 5.5 | 5 | 3 | 3 | 3.5 | 3 | 2 | 2 |
| 项目的可承担性 | 0.2 | 2.2 | 3 | 3 | 5 | 2.2 | 4 | 4 | 3 | 2.4 | 5 | 3 | 4 | 1.8 | 3 | 3 | 3 | 2 | 4 | 3 | 3 |
| 项目提供经验 | 0.4 | 5.2 | 5 | 3 | 5 | 4.4 | 5 | 3 | 3 | 4.8 | 5 | 4 | 3 | 5.2 | 3 | 5 | 5 | 6 | 5 | 5 | 5 |
| 项目的经济效益 | 0.9 | 9.9 | 5 | 3 | 3 | 12.6 | 5 | 5 | 4 | 10.8 | 4 | 3 | 5 | 11.7 | 5 | 3 | 5 | 9.9 | 3 | 5 | 3 |
| 得分值（x） | | 50.9 | | | | 63.8 | | | | 56.3 | | | | 53.7 | | | | 54.2 | | | |

注：好——5分，中等——3分，差——1分。

从表 5.14 "方案选优排序评价矩阵" 可以看出：方案 1 得分为 50.9，方案 2 得分为 63.8，方案 3 得分为 56.3，方案 4 得分 53.7，方案 5 得分为 54.2，根据评分将 5 个方案进行排序得：方案 2 > 方案 3 > 方案 5 > 方案 4 > 方案 1。方案选优排序评价矩阵排序结果表明：在资源有限的情况下，优先实施方案 2，即增加项目运营收入。

在该案例研究中一开始识别出项目目前可能存在 75 个问题，如果不加以分析，对 75 个问题进行管理，将造成资源浪费、效率低下，因为管理中存在 "二八定律"，即关键的少数起着决定性作用，因此，在 75 个问题中找到关键问题能有效提升管理效率。本章通过定性与定量分析，不仅找到核心问题，而且厘清问题间的逻辑关系，明确发展目标，进行方案规划，找到问题对策。如果问题方案在当前模式下、合作各方能力职责范围内能解决，则正常解决问题，项目继续以当前融资模式实施；如果问题方案的执行将涉及利益相关方责、权、利的改变，政府与社会资本方将进入再谈判环节，通过再谈判达到新的均衡。因此，ZOPP 的分析结果是项目再谈判的重要依据，决定了项目是否需要变更融资模式。

# 5.6 本章小结

本章主要探讨依据 ZOPP 识别项目关键影响因素的路径，通过问题分析找到核心问题，围绕核心问题进行定性与定量分析，厘清所有问题之间的因果关系，通过编制问题树、目标树确定目标。最后进行方案规划、方案选优，找到问题解决方案。一方面，从集成融资模式三维模型来看，本章的内容属于逻辑维，即风险管控的内容。但是，本书并没有对项目总体风险进行常规性分析，为每一项风险提出对策，而是以项目出现的具体问题为出发点，从更微观的视角，探讨风险评估的方法，阐明问题具有主次关系和因果关系的实质，并最终找到对策。另一方面，从集成融资模式运行机制来看，这一章是整个运行机制的内在动力、重要线索，集成融资模式运行机制就是为项目分析与解决问题而存在。为了更加清晰地理解和把握关键因素的识别路径与具体方法，本章延续上个章节的案例分析结果，对 WK 高速公路项目"经济效益不佳"的问题进行深入分析，并找到解决方案。该方案又将作为第 6 章案例分析中政府与社会资本方博弈的客体。

# 集成融资模式风险边界识别
# 与控制的博弈研究

集成融资模式的提出是为了提升项目抗风险能力，通过多模式、多维度、多要素的综合集成实现项目全寿命周期风险动态管理。"动态"一词，一方面，体现为时间概念，即随着项目进展时时关注、应对风险变化；另一方面，体现为风险边界的动态，因为在特定的融资模式下，政府与社会资本方之间的风险分担通过项目合同进行定义，每一个项目合同所包含的风险范围是有边界的，当合同约定外的风险发生时，则合同原有的平衡状态被打破，集成融资模式通过再谈判进行风险的重新分配，使项目合同恢复平衡，此时将形成新的风险边界。因此，本章所说风险边界就是政府与社会资本方在不同谈判阶段产生的风险分担结果。针对第5章识别出核心风险因素及其应对方案，通过风险边界识别有助于风险在合作双方之间进行合理的分配。

## 6.1 集成融资模式风险分担的博弈特征

TOT 项目集成融资霍尔三维模型中包括了空间维、时间维、逻辑维。空间维代表的是项目利益相关者责权利，时间维代表的是项目生命周期阶段，逻辑维代表的是项目风险管控。在三维模型中任一阶段和每一个步骤，每一个利益相关方都可以进一步展开，构成亚模型，整个三维模型就形成分层次的立体结构体系。本章对政府与社会资本方风险边界的识别与控制，就是对三维立体结构体系中亚模型的集成管理，即："空间维（项目利益相关方）中的政府与社会资本方，时间维（项目生命周期）中启动、执行阶段，逻辑维（风险管控）中风险分配"。具体如图 6.1 所示。

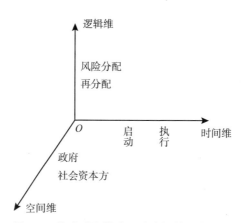

**图 6.1 集成融资模式风险分担的三维结构**

在图 6.1 中，作为空间维要素的政府与社会资本方不是各自独立地选择策略，而是在联盟中共同协调的参与策略。合作过程中，政府或者社会资本方都有着各自的专业优势和利益目标，双方都倾向于最大化自身利益，只有在双方的利益目标与需求得到满足时，谈判才能达成一致，这是典型的讨价还价博弈模型特征。因此，本章将通过博弈分析，识别不同情况下的风险边界并实施控制。其中，博弈主体是政府和社会资本方（空间维），博弈客体是项目风险分担比例（逻辑维），博弈发生在集成融资模式运行机制的"初次谈判"与"再谈判"环节，博弈结果各不相同，二者又处于项目生命周期不同阶段，体现出时间维的影响作用。通过博弈模型的构建与求解，不仅能识别项目风险边界，突显集成融资模式全寿命周期风险动态管理原理及其科学意义，同时也清晰展现出三维要素的集成机理。

## 6.2　讨价还价博弈的概念及原理

1982 年，阿里尔·鲁宾斯坦（Ariel Rubinstein）用完全信息动态博弈的方法，对基本的、无限期的完全信息讨价还价过程进行了模拟，并据此建立了完全信息轮流出价讨价还价模型，也称为鲁宾斯坦模型。鲁宾斯坦把讨价还价过程视为合作博弈的过程，他以两个参与人分割一块蛋糕为例，使这一过程模型化。在这个模型里，两个参与人分割一块蛋糕，参与人 1 先出价，参与人 2 可以选择接受或拒绝。如果参与人 2 接受，则博弈结束，蛋糕按参与人 1 的方案分配；如果参与人 2 拒绝，他将还价，参与人 1 可以接受或拒绝；如果参与人 1 接受，博弈结束，蛋糕按参与人 2 的方案分配；如果参与人 1 拒绝，他再出价；如此一直下去，直到一个参与人的出价被另一个参与人接受为止（王则柯等，2017）。

TOT 项目集成融资模式中政府与社会资本方利益目标的不一致使得双方在合作过程中不断进行博弈。谈判达成一致的时点就是一个纳什均衡，表明各个参与者都尽力而为，达到多方满意。政府与社会资本方合作过程中不是所有风险因素都要进行无限次讨价还价博弈，毕竟每一次谈判都有成本的投入。因此，本书首先基于风险偏好通过单次博弈将风险分配给政府与社会资本方，然后针对双方都愿意承担和都不愿意承担的风险再通过讨价还价博弈模型确定分担比例。

# 6.3    基于风险偏好的风险分担博弈模型分析

## 6.3.1    模型基本要素

参与人：指的是一个博弈中的决策主体，他们的目的是通过选择行动（或战略）以最大化自己的支付（效用）水平。本书中该博弈模型的参与人主要是政府和社会资本方。

行动：行动是参与人在博弈某个时点的决策变量。一般用 $a_i$ 表示第 $i$ 个参与人的一个特定行动，$A_i = \{a_i\}$ 表示可供 $i$ 选择的所有行动的集合。

战略：参与人在给定信息集情况下的行动规则，它规定参与人在什么时候选择什么行动。战略告诉参与人如何对其他参与人的行动作出反应，因而，战略是参与人的"相机行动方案"。

支付：指在一个特定的战略组合下参与人得到的确定效用水平，或者是指参与人得到的期望效用水平。

均衡：均衡是所有参与人的最优战略的组合。

## 6.3.2    基本假设

按照参与人行动的先后顺序，博弈可以划分为静态博弈和动态博弈。静态博弈是指在博弈中，参与人同时选择行动或虽不是同时但后行动者并不知道前行动者采取了什么具体行动；动态博弈指的是参与人的行动有先后顺序，且后行动者能够观察到先行动者所选择的行动。讨价还价模型是参与人轮流出价，即行动有先后顺序，所以属于动态博弈。

政府与社会资本方对风险的承受能力主要受收益大小、投入大小和各自地位与拥有的资源的影响，可以说风险是收益的代价，收益是风险的报酬。通过对风险（逻辑维）在不同项目生命周期阶段（时间维）的分配与再分配可以综合体现出政府与社会资本方（空间维）在合作过程中所获利益（"利"）与所投入成本（"责"）动态变化。可以说，政府与社会资本方在项目生命周期不同阶段进行的风险分担是项目集成管理的具体表现。

该动态博弈模型遵循"承担的风险与所获得的回报相匹配"的原则建立，为此，做出以下基本假设：

假设一：政府方与社会资本方都是理性的，都不希望谈判破裂。

假设二：项目各个风险之间是相互独立且不存在相互作用。

假设三：政府方和社会资本方的收益和成本与风险均呈线性函数关系，即：

$$E_i = e_i^1 d^1 + e_i^2 d^2 + \cdots + e_i^n d^n = \sum_{j=1}^{n} e_i^j d_i^j, \ (i = 1, 2) \tag{6.1}$$

$$C_i = c_i^1 d^1 + c_i^2 d^2 + \cdots + c_i^n d^n = \sum_{j=1}^{n} c_i^j d_i^j, \ (i = 1, 2) \tag{6.2}$$

其中，$E_i$ 表示总收益，$C_i$ 表示总成本，$d_i^j$ 表示第 $i$ 个参与方的第 $j$ 项风险，$e_i^j$ 表示第 $i$ 个参与方因承担 $j$ 风险所获取的收益，$c_i^j$ 表示第 $i$ 个参与方因承担 $j$ 风险所付出的成本。

### 6.3.3 模型的构建及分析

通过风险分担博弈模型分析，找到一个使政府方和社会资本方都认可的均衡点，能够为项目风险的合理分担提供依据。

政府和社会资本方的总净收益可以表示为：

$$V_i = E_i - C_i = \sum_{j=1}^{n} (e_i^j - c_i^j) d_i^j, \ (i = 1, 2) \tag{6.3}$$

设 $\beta_i^j = e_i^j - c_i^j$，则 $\beta_i^j$ 为风险分配过程中项目参与方的风险偏好系数，可得：

$$V_i = \sum_{j=1}^{n} \beta_i^j d_i^j, \ (i = 1, 2) \tag{6.4}$$

根据假设二，风险 $j$ 是单一独立的，所以 $d_1^j = d_2^j = d^j$，当政府方和社

会资本方对风险 $j$ 进行博弈时，双方都有"承担（$S_1$）"和"不承担（$S_2$）"两种选择，即有结果集合 $S=(s_1, s_2)$，由此构建的风险分担博弈模型如表 6.1 所示。

**表 6.1　基于风险偏好的政府方和社会资本方风险分担博弈模型**

| 项目 | | 社会资本方 | |
|---|---|---|---|
| | | $S_1$ | $S_2$ |
| 政府方 | $S_1$ | $(\beta_1^j d_1^j, \beta_2^j d_2^j)$ | $(\beta_1^j d_1^j, 0)$ |
| | $S_2$ | $(0, \beta_2^j d_2^j)$ | $(0, 0)$ |

依据上述模型可知，纳什均衡的结果与 $\beta_i^j$ 的大小有关，也就是政府及社会资本方对该风险的偏好系数取值直接影响风险分配的结果，当 $\beta_i^j > 0$ 时，风险收益 > 风险成本，参与方偏好此风险，愿意承担此风险；当 $\beta_i^j < 0$ 时，风险收益 < 风险成本，参与方不偏好此风险，不愿意承担此风险。详细分析结果如表 6.2 所示。

**表 6.2　政府方与社会资本方风险分配博弈结果**

| 风险 | 指标 | | 纳什均衡结果 |
|---|---|---|---|
| | $\beta_1^j$ | $\beta_2^j$ | |
| ① | >0 | >0 | （承担，承担） |
| ② | >0 | <0 | （承担，不承担） |
| ③ | <0 | >0 | （不承担，承担） |
| ④ | <0 | <0 | （不承担，不承担） |

对于风险②和风险③，都存在一方偏好并愿意承担某风险，因此可以明确由其中一方单独承担该风险；对于风险①（双方都愿意承担）和风险④（双方都不愿意承担），则该风险由双方共同承担（需明确分担比例）。

# 6.4 基于讨价还价博弈模型的风险分担

## 6.4.1 模型构建的影响因素分析

### 6.4.1.1 参与博弈主体的确定

依据参与博弈的主体数量不同，将讨价还价博弈分为二人博弈和多人博弈。本章是以三维模型的亚模型（如图 6.1 所示）展开研究，在亚模型中，空间维要素仅包含政府和社会资本方，所以，本章构建的是基于政府方和社会资本方之间的一个二人讨价还价博弈模型。

### 6.4.1.2 完全信息和不完全信息的确定

按照参与人对其他参与人的特征、战略空间及支付函数知识掌握的程度，博弈可以划分为完全信息博弈和不完全信息博弈，完全信息博弈指的是每一个参与人对其他参与人的特征、战略空间及支付函数有准确的知识；否则就是不完全信息博弈。依据划分标准可以看出，完全信息是一种理想的结果，事实上，无论任何一方要获取全部的信息需要付出巨大的成本，而且项目参与各方为了自身利益还会故意隐藏部分自己所掌握的信息，所以，双方掌握的信息肯定是不完全的，基于此，研究中将政府方和社会资本方之间的合作看成一个不完全信息动态博弈过程。

### 6.4.1.3 海萨尼转换

不完全信息讨价还价博弈模型求解时，需要运用海萨尼转换理论。1967年，海萨尼（Harsanyi）提出在处理不完全信息博弈时引入"自然"（nature），"自然"首先决定参与者的特征，参与人知道自己的特征，但其他参与者不知道，在不改变不完全信息博弈精髓的情况下将其重新模型化为一个完全但不完美的信息博弈。海萨尼转换理论的关键是假设所有的参与者共享同一个行为策略的概率信息库，当其中一个参与者选择了一个特定的策略之后，其余参与者可以选择多种策略，在这个博弈过程中，先验概率是其规则，其中一个参与者知道了其他参与者所选策略的先验概率之后，可以在观察其余参与者的行动之后调整自己的策略，最终达到均衡状态（王明男，2018）。如政府部门在选择其中一个策略之后，"同盟"可以选择的策略有几种，政府部门不知道"同盟"会选择哪种策略，但是政府部门知道"同盟"可选的每种策略可能发生的概率，根据这一先验概率，政府部门可以对自己的策略进行调整。

本章在构建政府与社会资本方之间风险分担讨价还价博弈模型时运用到了海萨尼转换，将不完全信息的讨价还价博弈模型转换为了完全但不完美的讨价还价博弈模型。

### 6.4.1.4　地位非对称性的确定

在 TOT 项目集成融资模式风险分担讨价还价博弈中，政府方与社会资本方作为博弈主体，由于其中一方掌握了更多的资源或者信息方面的优势，而在项目风险分担时能够获取比对方更多的有效信息，这就导致了项目风险分担讨价还价博弈中政府方和社会资本方地位的不对称，存在信息优势方与信息劣势方。随着项目生命周期的推进，政府和社会资本方对项目掌握的信息时时发生改变，各自的优势地位也在变化，因此，本章将分别以政府作为信息优势方和社会资本方作为信息优势方展开研究并得出相应结论。

### 6.4.1.5　出价顺序的确定

在讨价还价博弈中，出价顺序对最终的风险分担比例具有非常重要的影响，先出价的一方具有先出价优势。本章分别构建了政府方先出价和社会资本方先出价的讨价还价博弈模型，并对结果进行比较分析。

## 6.4.2 模型参数的分析

### 6.4.2.1 谈判损耗系数

研究中用 $\xi$ 表示谈判损耗系数，其中 $\xi_i > 1$，政府方和社会资本方分别为 $\xi_1$ 和 $\xi_2$。在讨价还价过程中，参与双方在谈判过程中会产生成本消耗，如时间成本、信息获取成本、机会成本等，所以谈判进行的时间越长、轮次越多，双方承担的损失也会越大，而且通常情况下，在公私合作项目中，政府获取信息及谈判的成本比社会资本方少，因此 $\xi_1 < \xi_2$。

### 6.4.2.2 转移风险

谈判地位的非对称性使得信息优势方处于强势地位，其会利用自己的强势地位将本因自己承担的部分风险转移给另外一方。风险转移比例的取值范围应该小于或等于政府方（社会资本方）提出的风险分担比例（看哪一方具有强势地位）。如果用 $k$ 表示风险转移比例，用 $g_i$ 表示政府承担的风险比例，用 $r_i$ 表示社会资本方承担的风险比例，则有 $0 \leqslant k \leqslant g_i \leqslant 1$（政府处于强势），或者 $0 \leqslant k \leqslant r_i \leqslant 1$（社会资本方处于强势），研究中为了简化模型的分析，将 $k$ 设为常数。

### 6.4.2.3 概率

在讨价还价博弈过程中，由于信息掌握的不够完全，信息劣势方不能准确知道信息优势方是否会利用其优势地位将风险转移给自己，因此，假设信息优势方会以概率 $p$ 借助强势地位将部分风向转移给信息劣势方，信息优势方以概率"$1-p$"不借助强势地位将部分风向转移给信息劣势方。

## 6.4.3 讨价还价博弈基本假设

假设一：政府方与社会资本方都是理性的，双方的行为和决策的最终目的是实现自己利益最大化，并且都不希望谈判破裂。

假设二：项目各个风险之间是相互独立的，彼此之间不存在关联性。

假设三：政府方与社会资本方的信息是不对称的，即在讨价还价过程中，不同类型的风险，项目参与方之间的资源和信息的获取情况不相同，一方对另一方的策略及收益不能完全了解。

假设四：对于某一风险，政府方和社会资本方承担的比例之和为 1，当政府方承担风险的比例为 $g_i$ 时，社会资本方承担风险的比例为 $r_i = 1 - g_i$，双方就 $g_i$ 进行讨价还价（$i$ 表示谈判的轮次）。

假设五：当项目处于启动阶段，政府与社会资本方为签订特许经营合同而进行风险分担博弈时，属于项目"初次谈判"，由于政府是项目主要发起人、政策制定者，更具有信息优势，因此，在"初次谈判"阶段，政府部门属于信息优势方，在谈判中具有强势地位；而当项目处于运营阶段，社会资本方负责项目的经营管理与维护，更加具有信息优势，在这个阶段进行"再谈判"时，社会资本方将作为信息优势方，在谈判中具有强势地位。

## 6.4.4 "初次谈判"中政府部门先出价的讨价还价博弈模型分析

### 6.4.4.1 模型构建

"初次谈判"中政府部门处于强势地位，在第一回合中，由政府部门首先提出自身风险承担比例为 $g_1$，此时政府方还可能利用自己的强势地位威慑社会资本方接受自己转移的风险，如果社会资本方接受政府方提出的方案，则谈判最终达成，第一回合谈判结束，反之，如果社会资本方拒绝接受政府方提出的方案，则谈判进入第二回合；第二回合由社会资本方向政府方提出风险分担方案，如果政府方接受社会资本方的方案，则谈判最终达成，谈判结束，如果政府方拒绝接受社会资本方的方案，则谈判进入第三回合；第三回合，政府方再次向社会资本方提出风险分担方案，以此类推，当双方达成一致意见之后谈判结束。

第一轮：社会资本方估计政府方会借助强势地位以概率 $p$ 向自己转移风险，政府方作为风险分担的先出价者，其提出的风险分担比例为 $g_1$，则社会资本方承担的风险比例为 $r_1 = 1 - g_1$，而且政府方利用强势地位将风险份额 $k$ 转移给社会资本方，则政府方和社会资本方承担的风险比例表示为：

$$G_1' = p(g_1 - k) \tag{6.5}$$

$$R_1' = p(1 - g_1 + k) \tag{6.6}$$

然后，假设政府不会采取强势地位向社会资本方转移风险的概率为 $1 - p$，则政府方和社会资本方承担的风险比例表示为：

$$G_1'' = (1 - p)g_1 \tag{6.7}$$

$$R_1'' = (1 - p)(1 - g_1) \tag{6.8}$$

由此可得，在第一轮讨价还价中，政府方和社会资本方所承担风险的期望为：

$$G_1 = G_1' + G_1'' = p(g_1 - k) + (1 - p)g_1 \tag{6.9}$$

$$R_1 = R_1' + R_1'' = p(1 - g_1 + k) + (1 - p)(1 - g_1) \tag{6.10}$$

如果社会资本方接受政府方提出的风险分担比例，则谈判结束，否则谈判进入第二轮次。

第二轮：社会资本方仍然先假定政府方会采取强势地位以概率 $p$ 向自己转移风险，在这一轮谈判中，社会资本方作为风险分担的先出价者，其提出政府的风险分担比例为 $g_2$，则自己承担的风险比例为 $r_2 = 1 - g_2$，政府方利用强势地位将风险份额 $k$ 转移给社会资本方。而且谈判过程存在成本损耗，谈判时间越长、轮次越多，双方承担的损失也会越大，政府方与社会资本方分别为 $\xi_1$ 和 $\xi_2$，则政府方和社会资本方承担的风险比例表示为：

$$G_2' = \xi_1 p(g_2 - k) \tag{6.11}$$

$$R_2' = \xi_2 p(1 - g_2 + k) \tag{6.12}$$

然后，假设政府不会采取强势地位向社会资本方转移风险的概率为 $1 - p$，则政府方和社会资本方承担的风险比例表示为：

$$G_2'' = \xi_1 (1 - p)g_2 \tag{6.13}$$

$$R_2'' = \xi_2 (1 - p)(1 - g_2) \tag{6.14}$$

由此可得，在第二轮讨价还价中，政府方和社会资本方所承担风险的期望为：

$$G_2 = G_2' + G_2'' = \xi_1 p(g_2 - k) + \xi_1(1 - p)g_2 \qquad (6.15)$$

$$R_2 = R_2' + R_2'' = \xi_2 p(1 - g_2 + k) + \xi_2(1 - p)(1 - g_2) \qquad (6.16)$$

如果政府方接受社会资本方提出的风险分担比例，则谈判结束，否则谈判进入第三轮次。

第三轮：先假定政府方会采取强势地位以概率 $p$ 向社会资本方转移风险，在这一轮谈判中，政府方作为风险分担的先出价者，并提出自己的风险分担比例为 $g_3$，则社会资本方承担的风险比例为 $r_3 = 1 - g_3$，政府方利用强势地位将风险份额 $k$ 转移给社会资本方。在该轮谈判过程依旧存在谈判损耗系数，政府方与社会资本方仍然分别为 $\xi_1$ 和 $\xi_2$，则政府方和社会资本方承担的风险比例表示为：

$$G_3' = \xi_1^2 p(g_3 - k) \qquad (6.17)$$

$$R_3' = \xi_2^2 p(1 - g_3 + k) \qquad (6.18)$$

然后，假设政府不会采取强势地位向社会资本方转移风险的概率为 $1 - p$，则政府方和社会资本方承担的风险比例表示为：

$$G_3'' = \xi_1^2(1 - p)g_3 \qquad (6.19)$$

$$R_3'' = \xi_2^2(1 - p)(1 - g_3) \qquad (6.20)$$

由此可得，在第三轮讨价还价中，政府方和社会资本方所承担风险的期望为：

$$G_3 = G_3' + G_3'' = \xi_1^2 p(g_3 - k) + \xi_1^2(1 - p)g_3 \qquad (6.21)$$

$$R_3 = R_3' + R_3'' = \xi_2^2 p(1 - g_3 + k) + \xi_2^2(1 - p)(1 - g_3) \qquad (6.22)$$

讨价还价博弈就如上这样不断循环下去，直到双方就风险分担方案达成共识为止。这个过程可以用博弈树表示，如图 6.2 所示。

在图 6.2 中，$N$ 表示为求解不完全信息博弈模型运用海萨尼转换理论时引入的"自然"（nature）。通过海萨尼转换，将不完全信息的讨价还价博弈模型转换成了完全但不完美的讨价还价博弈模型。$p$ 表示社会资本方估计政府会借助强势地位向自己转移风险的概率，$(1 - p)$ 表示政府不会采取强势地位向社会资本方转移风险的概率，$G$ 表示政府部门，$R$ 表示社会资本方。"初次谈判"中政府部门处于强势地位，在第一轮次中，社会资本方估计政

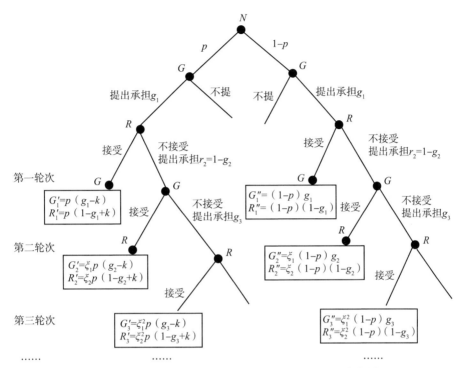

**图6.2 集成融资模式不完全信息下讨价还价模型博弈树**

府部门会借助强势地位以概率 $p$ 向自己转移风险，政府方作为风险分担的先出价者，其提出的风险分担比例为 $g_1$，则社会资本方承担的风险比例为 $r_1 = 1 - g_1$，而且政府方利用强势地位将风险份额 $k$ 转移给社会资本方，则政府部门和社会资本方承担的风险比例分别表示为：$G_1' = p(g_1 - k)$ 和 $R_1' = p(1 - g_1 + k)$；假设政府不会采取强势地位向社会资本方转移风险的概率为 $1 - p$，则政府部门和社会资本方承担的风险比例分别表示为：$G_1'' = (1 - p)g_1$ 和 $R_1'' = (1 - p)(1 - g_1)$。如果社会资本方接受政府方提出的风险分担比例，则谈判结束，否则谈判进入第二轮次，讨价还价博弈就这样不断循环下去，直到双方达成共识为止。

### 6.4.4.2　模型的精炼贝叶斯纳什均衡解

已建立的模型是一个完全但不完美的无限期讨价还价模型。有限期的讨价还价模型在求解时，可以使用逆推归纳法，将最后一个子博弈选为逆推归纳法起始点进行求解。谢识予在《经济博弈论》一书中，基于夏克德（Shaked）和萨顿（Sutton）于 1984 年提出的思路，提出了对于一个无限期的讨价还价博弈来讲，设立的逆推基点无论是第三回合，还是第一回合，其最终结果是一样的思路，进而使得逆推归纳法在无限期讨价还价博弈模型的求解中也可以运用。下面将根据这种思路，对政府部门与社会资本方之间风险分担的讨价还价博弈模型进行求解。

对于一个无限期的讨价还价博弈来讲，设立的逆推基点无论是第三回合，还是第一回合，其最终结果一样的思路，选择讨价还价第三回合作为本阶段无限期讨价还价逆推的起始结点。

政府方与社会资本方在讨价还价第三回合中双方各自承担的风险分别为：

$$G_3 = G'_3 + G''_3 = \xi_1^2 p(g_3 - k) + \xi_1^2(1-p)g_3$$

$$R_3 = R'_3 + R''_3 = \xi_2^2 p(1 - g_3 + k) + \xi_2^2(1-p)(1-g_3)$$

返回看讨价还价第二轮谈判，如果社会资本方在该轮次中提出的风险分担方案使政府方分配的风险期望 $G_2 > G_3$，则政府方将拒绝第二轮次中社会资本方提出的风险分配方案，于是谈判将进入第三轮次。在讨价还价过程中，由于存在谈判耗系数，谈判时间的延长及轮次的增加会使参与双方承担的损失增加，对彼此都不利，所以，为了降低谈判损耗，社会资本方在第二轮次提出的风险分担比例应该满足使自身承担的风险期望最小的同时，政府方所承担的风险期望 $G_2 \leqslant G_3$。于是，在第二轮次讨价还价中，

社会资本方与政府方的最优策略是：

$$G_2 = G_3 \tag{6.23}$$

$$\xi_1 p(g_2 - k) + \xi_1(1-p)g_2 = \xi_1^2 p(g_3 - k) + \xi_1^2(1-p)g_3 \tag{6.24}$$

整理得：

$$g_2 = pk + \xi_1 g_3 - \xi_1 pk \tag{6.25}$$

将公式（6.25）代入公式（6.16），得到社会资本方在第二轮次中承担风险的期望为：

$$R_2 = \xi_2 p(1 - g_2 + k) + \xi_2(1-p)(1-g_2)$$
$$= \xi_2 + \xi_2 pk - \xi_2 g_2$$

$$= \xi_2(1 + pk - g_2)$$
$$= \xi_2\big[1 + pk - (pk + \xi_1 g_3 - \xi_1 pk)\big]$$
$$= \xi_2(1 - \xi_1 g_3 + \xi_1 pk) \tag{6.26}$$

已知:

$$R_3 = \xi_2^2 p(1 - g_3 + k) + \xi_2^2(1 - p)(1 - g_3)$$
$$= \xi_2^2 pk + \xi_2^2 - \xi_2^2 g_3$$
$$= \xi_2^2(1 + pk - g_3) \tag{6.27}$$

$$R_2 - R_3 = \xi_2(1 - \xi_1 g_3 + \xi_1 pk) - \xi_2^2(1 + pk - g_3)$$
$$= \xi_2\big[1 - \xi_2 + (\xi_1 - \xi_2)(pk - g_3)\big] \tag{6.28}$$

根据本章第 6.4.2 节的分析有: $\xi_2 > \xi_1 > 1$, $0 \le k \le g_i \le 1$, $0 \le p \le 1$。由此可以推断出: $R_2 - R_3 < 0$, 即 $R_2 < R_3$。这表明, 在第二轮讨价还价谈判中, 政府方承担的风险期望与第三轮次谈判中承担的风险期望相同, 社会资本方承担的风险期望比第三轮次谈判中承担的少, 因此, 双方都不会选择进行下一轮次谈判。

运用相同的思路, 将谈判倒推回第一轮次, 如果政府在该轮次中提出的风险分担方案使社会资本方分配的风险期望 $R_1 > R_2$, 则社会资本方将拒绝第一轮次中政府方提出的风险分配方案, 谈判将进入第二轮次。所以, 为了降低谈判损耗, 政府在第一轮次提出的风险分担方案应该满足使自身承担的风险期望最小的同时, 还使社会资本方所承担的风险期望 $R_1 \le R_2$。于是, 在第一轮次讨价还价中, 政府方与社会资本方的最优策略是:

$$R_1 = R_2 \tag{6.29}$$

将公式 (6.10) 和公式 (6.26) 代入公式 (6.29) 得:

$$p(1 - g_1 + k) + (1 - p)(1 - g_1) = \xi_2(1 - \xi_1 g_3 + \xi_1 pk)$$

整理得:

$$g_1 = 1 + pk - \xi_2(1 - \xi_1 g_3 + \xi_1 pk) \tag{6.30}$$

对于一个无限回合的讨价还价博弈而言, 逆推归纳时, 无论从第三回合开始, 还是从第一回合开始, 其讨价还价最终的最优均衡结果是一样的, 则有:

$$g_3 = g_1 \tag{6.31}$$

将公式（6.30）代入公式（6.31）得：

$$g_3 = 1 + pk - \xi_2(1 - \xi_1 g_3 + \xi_1 pk) \tag{6.32}$$

化简整理得：

$$g_3 = \frac{\xi_2 - 1}{\xi_1 \xi_2 - 1} + pk \tag{6.33}$$

$$1 - g_3 = \frac{\xi_1 \xi_2 - \xi_2}{\xi_1 \xi_2 - 1} - pk \tag{6.34}$$

于是得到在无限期讨价还价博弈模型中，政府方与社会资本方风险分配的精炼贝叶斯纳什均衡解为：

政府部门风险最优分担比例：

$$G = \frac{\xi_2 - 1}{\xi_1 \xi_2 - 1} + pk \tag{6.35}$$

社会资本方风险最优分担比例：

$$R = \frac{\xi_1 \xi_2 - \xi_2}{\xi_1 \xi_2 - 1} - pk \tag{6.36}$$

其中，$pk$ 为政府部门利用强势地位向社会资本方转移的风险份额。

因此，$\frac{\xi_2 - 1}{\xi_1 \xi_2 - 1} + pk$ 是政府名义承担的风险比例，$\frac{\xi_2 - 1}{\xi_1 \xi_2 - 1}$ 是政府部门实际承担的风险比例。$\frac{\xi_1 \xi_2 - \xi_2}{\xi_1 \xi_2 - 1} - pk$ 是社会资本方名义承担的风险比例，$\frac{\xi_1 \xi_2 - \xi_2}{\xi_1 \xi_2 - 1}$ 是社会资本方实际承担的风险比例。

### 6.4.5 "初次谈判"中社会资本方先出价的讨价还价博弈模型分析

#### 6.4.5.1 模型构建

尽管社会资本方先出价，但"初次谈判"中政府部门仍然处于强势地位。

第一轮：社会资本方作为风险分担的先出价者，其提出的风险分担比例为 $r_1$，则政府部门承担的风险比例为 $g_1 = 1 - r_1$，社会资本方估计政府部门会借助强势地位以概率 $p$ 向自己转移风险，而且政府部门转移的风险份额为 $k$，则社会资本方和政府部门承担的风险比例表示为：

$$R_1' = p(r_1 + k) \tag{6.37}$$

$$G_1' = p(1 - r_1 - k) \tag{6.38}$$

然后，假设政府部门不会采取强势地位向社会资本方转移风险的概率为 $1-p$，则社会资本方和政府部门承担的风险比例表示为：

$$R_1'' = (1 - p)r_1 \tag{6.39}$$

$$G_1'' = (1 - p)(1 - r_1) \tag{6.40}$$

由此可得，在第一轮讨价还价中，政府方和社会资本方所承担风险的期望为：

$$R_1 = R_1' + R_1'' = p(r_1 + k) + (1 - p)r_1 \tag{6.41}$$

$$G_1 = G_1' + G_1'' = p(1 - r_1 - k) + (1 - p)(1 - r_1) \tag{6.42}$$

如果政府部门接受社会资本方提出的风险分担比例，则谈判结束，否则谈判进入第二轮次。

第二轮：在这一轮谈判中，政府部门作为风险分担的先出价者，其提出社会资本方的风险分担比例为 $r_2$，则自己承担的风险比例为 $g_2 = 1 - r_2$，社会资本方仍然假定政府部门会采取强势地位以概率 $p$ 向自己转移风险，转移的风险份额为 $k$。而且谈判过程存在成本损耗，谈判时间越长、轮次越多，双方承担的损失也会越大，政府方与社会资本方分别为 $\xi_1$ 和 $\xi_2$，则政府方和社会资本方承担的风险比例表示为：

$$R_2' = \xi_2 p(r_2 + k) \tag{6.43}$$

$$G_2' = \xi_1 p(1 - r_2 - k) \tag{6.44}$$

然后，假设政府不会采取强势地位向社会资本方转移风险的概率为 $1-p$，则政府方和社会资本方承担的风险比例表示为：

$$R_2'' = \xi_2(1 - p)r_2 \tag{6.45}$$

$$G_2'' = \xi_1(1 - p)(1 - r_2) \tag{6.46}$$

由此可得，在第二轮讨价还价中，政府方和社会资本方所承担风险的期望为：

$$R_2 = R_2' + R_2'' = \xi_2 p(r_2 + k) + \xi_2(1 - p)r_2 \tag{6.47}$$

$$G_2 = G'_2 + G''_2 = \xi_1 p(1 - r_2 - k) + \xi_1(1 - p)(1 - r_2) \tag{6.48}$$

如果社会资本方接受政府部门提出的风险分担比例，则谈判结束，否则谈判进入第三轮次。

第三轮：在这一轮谈判中，社会资本方作为风险分担的先出价者，并提出自己的风险分担比例为 $r_3$，则政府部门承担的风险比例为 $g_3 = 1 - r_3$，假定政府部门会采取强势地位以概率 $p$ 向社会资本方转移风险，转移的风险份额为 $k$。在该轮谈判过程依旧存在谈判损耗系数，政府部门与社会资本方仍然分别为 $\xi_1$ 和 $\xi_2$，则社会资本方和政府部门承担的风险比例表示为：

$$R'_3 = \xi_2^2 p(r_3 + k) \tag{6.49}$$

$$G'_3 = \xi_1^2 p(1 - r_3 - k) \tag{6.50}$$

然后，假设政府不会采取强势地位向社会资本方转移风险的概率为 $1 - p$，则社会资本方和政府部门承担的风险比例表示为：

$$R''_3 = \xi_2^2(1 - p)r_3 \tag{6.51}$$

$$G''_3 = \xi_1^2(1 - p)(1 - r_3) \tag{6.52}$$

由此得，在第三轮讨价还价中，社会资本方和政府部门所承担风险的期望为：

$$R_3 = R'_3 + R''_3 = \xi_2^2 p(r_3 + k) + \xi_2^2(1 - p)r_3 \tag{6.53}$$

$$G_3 = G'_3 + G''_3 = \xi_1^2 p(1 - r_3 - k) + \xi_1^2(1 - p)(1 - r_3) \tag{6.54}$$

讨价还价博弈就如上这样不断循环下去，直到双方就风险分担方案达成共识为止。

### 6.4.5.2  模型的精炼贝叶斯纳什均衡解

模型求解过程同本章前文第 6.4.4.2 节，通过计算得出社会资本方先出价的讨价还价博弈模型中，政府部门与社会资本方风险分配的精炼贝叶斯纳什均衡解为：

政府部门风险最优分担比例：

$$G = \frac{\xi_1 \xi_2 - \xi_1}{\xi_1 \xi_2 - 1} + pk \tag{6.55}$$

社会资本方风险最优分担比例：

$$R = \frac{\xi_1 - 1}{\xi_1\xi_2 - 1} - pk \tag{6.56}$$

其中, $pk$ 为政府部门具有强势地位时向社会资本方转移的风险份额。

因此, $\frac{\xi_1\xi_2 - \xi_1}{\xi_1\xi_2 - 1} + pk$ 是政府名义承担的风险比例, $\frac{\xi_1\xi_2 - \xi_1}{\xi_1\xi_2 - 1}$ 是政府部门实际承担的风险比例。$\frac{\xi_1 - 1}{\xi_1\xi_2 - 1} - pk$ 是社会资本方名义承担的风险比例, $\frac{\xi_1 - 1}{\xi_1\xi_2 - 1}$ 是社会资本方实际承担的风险比例。

## 6.4.6 项目"再谈判"阶段风险分担讨价还价博弈结果

依据本章第6.4.3节中的"假设五","再谈判"通常发生于项目运营阶段, 社会资本方更加具有信息优势, 属于信息优势方, 在谈判中具有强势地位。运用与上述分析相同的思路、方法, 可以构建政府部门先出价与社会资本方先出价的不完全信息讨价还价博弈模型, 并求得精炼贝叶斯纳什均衡解。

社会资本方先出价情况下的精炼贝叶斯纳什均衡解为:

政府部门名义承担风险比例:

$$G = \frac{\xi_1'\xi_2' - \xi_2'}{\xi_1'\xi_2' - 1} - p'k' \tag{6.57}$$

社会资本方名义承担风险比例:

$$R = \frac{\xi_2' - 1}{\xi_1'\xi_2' - 1} + p'k' \tag{6.58}$$

政府部门先出价情况下的精炼贝叶斯纳什均衡解为:

政府部门名义承担风险比例:

$$G = \frac{\xi_1' - 1}{\xi_1'\xi_2' - 1} - p'k' \tag{6.59}$$

社会资本方名义承担风险比例:

$$R = \frac{\xi_1'\xi_2' - \xi_1'}{\xi_1'\xi_2' - 1} + p'k' \tag{6.60}$$

其中, $\xi_1'$ 和 $\xi_2'$ 分别表示政府与社会资本方的谈判损耗系数, $p'$ 为社会资本方会利用强势地位向政府部门转移风险的概率，$k'$ 为社会资本方转移风险的比例，$p'k'$ 为社会资本方利用强势地位向政府部门转移的风险份额。

### 6.4.7　关于讨价还价博弈模型解的说明

政府部门与社会资本之间对共担风险的分担比例，通过"初次谈判"与"再谈判"讨价还价博弈模型的构建与分析得出结论，如表 6.3 所示。

**表 6.3　　　　　政府部门与社会资本方对"共担风险"的分担**

| 谈判轮次 | 出价顺序 | 政府部门 | | 社会资本方 | |
|---|---|---|---|---|---|
| | | 名义承担 | 实际承担 | 名义承担 | 实际承担 |
| 初次谈判（政府强势地位） | 政府部门先出价 | $\frac{\xi_2-1}{\xi_1\xi_2-1}+pk$ | $\frac{\xi_2-1}{\xi_1\xi_2-1}$ | $\frac{\xi_1\xi_2-\xi_2}{\xi_1\xi_2-1}-pk$ | $\frac{\xi_1\xi_2-\xi_2}{\xi_1\xi_2-1}$ |
| | 社会资本方先出价 | $\frac{\xi_1\xi_2-\xi_1}{\xi_1\xi_2-1}+pk$ | $\frac{\xi_1\xi_2-\xi_1}{\xi_1\xi_2-1}$ | $\frac{\xi_1-1}{\xi_1\xi_2-1}-pk$ | $\frac{\xi_1-1}{\xi_1\xi_2-1}$ |
| 再谈判（社会资本方强势地位） | 社会资本方先出价 | $\frac{\xi_1'\xi_2'-\xi_2'}{\xi_1'\xi_2'-1}-p'k'$ | $\frac{\xi_1'\xi_2'-\xi_2'}{\xi_1'\xi_2'-1}$ | $\frac{\xi_2'-1}{\xi_1'\xi_2'-1}+p'k'$ | $\frac{\xi_2'-1}{\xi_1'\xi_2'-1}$ |
| | 政府部门先出价 | $\frac{\xi_1'-1}{\xi_1'\xi_2'-1}-p'k'$ | $\frac{\xi_1'-1}{\xi_1'\xi_2'-1}$ | $\frac{\xi_1'\xi_2'-\xi_1'}{\xi_1'\xi_2'-1}+p'k'$ | $\frac{\xi_1'\xi_2'-\xi_1'}{\xi_1'\xi_2'-1}$ |

从表 6.3 中可以看出：

（1）风险分担比例在不同谈判阶段动态变化。

由于博弈主体掌握的信息和资源的不同，在博弈中表现出不同的优势地位。政府与社会资本方在"初次谈判"与"再谈判"中，随着各自掌握信息与资源的变化，优势地位方也发生改变。因此，在不同谈判阶段，政府与社会资本方的风险分担比例会发生变化，即风险边界呈现动态性。依据本书前述分析，进入再谈判阶段的风险是已经超越原有边界的风险，意味着初始平衡被打破。再谈判阶段中识别出的风险分担比例就是新平衡状态下的风险边界，如果再次出现新的风险使这一边界发生改变，则项目将进入下一次的再谈判。可以说，再谈判是新风险边界形成的重要程序，在政府与社会资本方动态博弈过程中，项目风险边界处于"确定—打破—再确定"的变化状态，项目则在"平衡—不平衡—再次平衡"这样的动态过程中不断往前发展。风险边界识别的结果是融资模式转换的重要依据，融资模式转换是再谈判结果的落实。

（2）风险动态分配解决了特许权合同不完全性的问题。

在表6.3中，"初次谈判"阶段，不论是政府部门先出价还是社会资本方先出价，政府部门实际承担风险比例小于名义承担风险比例，因为政府部门利用其强势地位向社会资本方转移了部分属于自己应承担的风险，导致社会资本方实际承担的风险比例大于名义承担比例。这既是特许权协议不完全性的表现，也是利益相关方目标不统一的表现，不能以项目总体目标、总体效益为出发点。在项目"初次谈判"签订特许权协议时，合作双方不可能掌握项目有关的所有信息，不可能把所有风险因素都分析全面，导致特许权协议具有不完全性。当政府部门比社会资本方拥有更多信息时，为了促成合作而盲目承诺或隐瞒信息、为了实现自己的利益最大化而进行风险转移，往往是忽视了项目的整体利益，这些行为使项目合同从一开始就不合理、存在隐患。如果没有补救措施，项目很难顺利实施。

集成融资模式运行机制有"再谈判"环节。从表6.3中可以看到，"再谈判"阶段，不论是政府部门先出价还是社会资本方先出价，社会资本方实际承担风险比例都小于名义承担风险比例。因为当项目发展到"再谈判"阶段，社会资本方通过对基础设施项目的经营管理已经获取了更多信息，谈判中社会资本方将利用自身强势地位及在项目信息上的优势向政府部门转移部分风险，使自己实际承担的风险比例降低。

从单个阶段来看，风险分配都存在不合理性，但从整个项目生命周期来看，集成融资模式中"初次谈判"与"再谈判"机制的存在与配合，正好使政府部门与社会资本方各自的整体风险分担得到平衡，再谈判程序弥补了项目合约不完全性的问题，使合作更顺利。

（3）讨价还价谈判中存在先出价优势。

由于 $\xi_i > 1$，$\xi_1 < \xi_2$，所以有 $\dfrac{\xi_1 - 1}{\xi_1\xi_2 - 1} < \dfrac{\xi_1\xi_2 - \xi_2}{\xi_1\xi_2 - 1}$，因此，"初次谈判"阶段，即使没有信息优势、没有强势地位，在讨价还价谈判中社会资本方先出

价，可以使自身实际承担的风险比例得到降低，体现出博弈双方的出价顺序对讨价还价结果具有重要影响。在整体不占优势的情况下，社会资本方可以通过先发起风险分担谈判获得先出价优势，使自身风险分担比例更加理想；同理，在"再谈判"阶段，政府部门则可以过先发起风险再分担谈判获得先出价优势，使自身风险分担比例更加理想。

# 6.5  算 例 分 析

本节将结合 WK 高速公路具体情况，运用上述讨价还价博弈的研究结论，以风险分配（逻辑维）为主线，按照集成融资模式运行机制在项目生命周期（时间维）上的进程，探讨项目主要利益相关方讨价还价博弈的原理，阐明集成融资模式全寿命周期风险动态管理本质，并从中揭示集成融资模式综合集成的内在机理。

## 6.5.1  案例中的博弈参与人

在本案例研究中，博弈参与人主要为政府与社会资本方，是一个二人讨价还价博弈。

WK 高速公路总投资约 51 亿元人民币，其中，亚洲开发银行贷款占投资总额的 28.53%；国内银行贷款占投资总额的 26.52%；其余的资本金部分占总投资的 44.95%。还款资金来源主要为 WK 高速公路建成后依法收取的行车通行费收入。同时，WK 高速公路是西部开发省际公路通道兰州至磨憨公路和北京至昆明国家高速公路的组成部分，也是云南省干线公路网的重要路段，预测交通量到 2029 年路段平均交通量为 30750 辆/日，能有效保证项目资产使用的经济性。

因此，WK 高速公路采用 TOT 项目集成融资模式。从政府的角度看，目的是可以快速收回投资，以便于投入新项目的建设；从社会资本方的角度看，目的是获得长期稳定的投资收益。二者既希望合作成功，但又因为追求最大化自身利益而在合作过程中不断博弈。

## 6.5.2 WK 高速公路项目 "初次谈判" 的风险分担

以第 4 章第 4.1.3.1 节中所分析的集成融资模式一般风险为基础，WK 高速公路项目在政府与社会资本方初次谈判阶段需要管理的风险有政治风险、法律与信用风险、金融风险、不可抗力风险、完工风险、生产风险和经营管理风险。

首先，依据风险偏好进行风险分配。遵循第 4 章第 4.1.3.1 节中 "承担的风险与控制力相匹配" "承担的风险与所获得的回报相匹配" 的原则，风险分配结果如表 6.4 所示。

表 6.4　　　　　　　　　　WK 高速 TOT 模式下的风险分担

| 风险 ($j$) | 指标 | | 纳什均衡结果 |
|---|---|---|---|
| | $\beta_1^j$ | $\beta_2^j$ | |
| ①政治风险 | >0 | <0 | （承担，不承担） |
| ②法律与信用风险 | >0 | >0 | （承担，承担） |
| ③金融风险 | >0 | >0 | （承担，承担） |
| ④不可抗力风险 | <0 | <0 | （不承担，不承担） |
| ⑤完工风险 | >0 | <0 | （承担，不承担） |
| ⑥生产风险 | >0 | <0 | （承担，不承担） |
| ⑦经营管理风险 | <0 | >0 | （不承担，承担） |

注：$\beta_1^j$ 表示政府对风险 $j$ 的风险偏好系数，$\beta_2^j$ 表示社会资本方对风险 $j$ 的风险偏好系数。

WK 高速公路由云南省交通厅负责建设完成，属于已建成基础设施项目，因此，建设阶段的风险（完工风险、生产风险）由政府独立承担。TOT 模式下，社会资本方完全负责项目的经营管理，因此，项目经营管理风险由社会资本方独立承担。在表 6.4 中可以看到，政治风险、完工风险、生产风险由政府部门独立承担，经营管理风险由社会资本方独立承担，需要双方共同承

担的风险有法律与信用风险、金融风险、不可抗力风险。对于这些需要双方
共同承担的风险，则要进一步确定各自分担比例。

于是，运用表 6.3 中讨价还价博弈模型"初次谈判"的分析结果进行分
配。采用专家调查问卷的方式，对 WK 高速公路项目 3 个共担风险的相关参
数咨询专家意见，共发放 35 份问卷，收回有效问卷 30 份，符合专家调查法
对问卷数量的要求，调查的专家包括公私合作项目管理人员、高速公路管理
人员、高校科研人员、政府部门管理人员，通过对问卷数据的统计与处理，
确定讨价还价博弈相关参数的取值，如表 6.5 所示。

**表 6.5**      **WK 高速公路项目初次谈判风险分担参数**

| 风险因素 | 讨价还价博弈相关参数 | | | |
| --- | --- | --- | --- | --- |
| | $p$ | $\xi_1$ | $\xi_2$ | $k$ |
| 法律与信用风险 | 0.85 | 1.17 | 1.25 | 0.3 |
| 金融风险 | 0.78 | 1.15 | 1.22 | 0.19 |
| 不可抗力风险 | 0.63 | 1.13 | 1.3 | 0.27 |

将表 6.5 中数据代入表 6.3 中"初次谈判"的博弈结果，可得政府与社
会资本方在初次谈判中对共担风险的分担比例，如表 6.6 所示。

**表 6.6**      **WK 高速公路项目"初次谈判"风险分担比例**

| 出价顺序 | 风险因素 | 政府部门 | | 社会资本方 | | 政府转移风险份额 |
| --- | --- | --- | --- | --- | --- | --- |
| | | 名义承担 | 实际承担 | 名义承担 | 实际承担 | |
| 政府部门先出价 | 法律与信用风险 | 0.80 | 0.54 | 0.20 | 0.46 | 0.26 |
| | 金融风险 | 0.70 | 0.55 | 0.30 | 0.45 | 0.15 |
| | 不可抗力风险 | 0.81 | 0.64 | 0.19 | 0.36 | 0.17 |
| 社会资本方先出价 | 法律与信用风险 | 0.89 | 0.63 | 0.11 | 0.37 | 0.26 |
| | 金融风险 | 0.77 | 0.62 | 0.23 | 0.38 | 0.15 |
| | 不可抗力风险 | 0.89 | 0.72 | 0.11 | 0.28 | 0.17 |

从表 6.6 中可以看出，在"初次谈判"阶段，政府部门作为信息优势方，在风险分担讨价还价博弈中利用强势地位向社会资本方转移了部分风险，但是不同的出价顺序对各自的风险分担比例具有显著影响。社会资本方先出价时，其自身的风险分担比例低于政府部门先出价时的情况，因此，在"初次谈判"阶段，社会资本方应争取在风险分担的博弈中先出价，以改善自身风险承担份额。

依据集成融资模式运行机制，当政府部门与社会资本方通过谈判对风险分担达成共识，双方将签订特许权合作协议，以约定各自的责任、权利及义务。在项目执行阶段，项目管理团队将定期或不定期对项目社会效益、经济效益进行评价，以掌握项目执行情况，判断项目是否存在风险因素（第 4 章第 4.4.3 节）。在第 4 章案例研究中得出结论：WK 高速公路目前的运营过程中经济效益不符合预期，存在风险。然而，不是所有风险问题都需要政府与社会资本方进行再谈判，毕竟每一次谈判都有成本的投入。因此，本书研究中通过 ZOPP 对问题进行分析，确定核心问题——经济效益受制约，并进一步明确目标，规划方案——增加项目运营收入。

新方案的提出是为解决项目存在的核心问题，新方案的实施需要资源的投入，也会有相应产出。谁负责实施新方案，意味着承担新的风险、获得相应回报，项目利益相关方责、权、利也随之调整。依据前文的分析，新方案"增加项目运营收入"与风险因素"项目运营收入不足"相对应，因此，案例研究中将政府部门与社会资本方对新方案的责任分担问题转化为风险分担问题，并运用讨价还价博弈模型进行分析。

## 6.5.3 WK 高速公路项目"再谈判"风险分担比例确定

"再谈判"阶段政府与社会资本需要共同分担的风险为法律信用风险、金融风险、不可抗力风险、项目运营收入不足风险。与初次谈判相比，增加了项目运营收入不足这一风险因素。

运用与上述"初次谈判"风险分担相同的处理方法，即：专家调查问卷的方式（详见本章第 6.5.2 节），确定"再谈判"讨价还价博弈相关参数的取值，如表6.7所示。

**表6.7　　　　　WK 高速公路项目再谈判风险分担参数**

| 风险因素 | 讨价还价博弈相关参数 | | | |
|---|---|---|---|---|
| | $p'$ | $\xi'_1$ | $\xi'_2$ | $k'$ |
| 法律与信用风险 | 0.81 | 1.18 | 1.21 | 0.33 |
| 金融风险 | 0.75 | 1.25 | 1.27 | 0.31 |
| 不可抗力风险 | 0.62 | 1.25 | 1.29 | 0.42 |
| 项目运营收入不足 | 0.68 | 1.22 | 1.34 | 0.36 |

将表6.7中参数取值代入表6.3中"再谈判"的博弈结果，可得社会资本方与政府在"再谈判"中对共担风险的分担比例，如表6.8所示。

**表6.8　　　　　WK 高速公路项目再谈判风险分担比例**

| 出价顺序 | 风险因素 | 政府部门 | | 社会资本方 | | 社会资本方转移风险份额 |
|---|---|---|---|---|---|---|
| | | 名义承担 | 实际承担 | 名义承担 | 实际承担 | |
| 社会资本方先出价 | 法律与信用风险 | 0.24 | 0.51 | 0.76 | 0.49 | 0.27 |
| | 金融风险 | 0.31 | 0.54 | 0.69 | 0.46 | 0.23 |
| | 不可抗力风险 | 0.28 | 0.54 | 0.72 | 0.46 | 0.26 |
| | 项目运营收入不足 | 0.22 | 0.46 | 0.78 | 0.54 | 0.24 |
| 政府部门先出价 | 法律与信用风险 | 0.15 | 0.42 | 0.85 | 0.58 | 0.27 |
| | 金融风险 | 0.20 | 0.43 | 0.80 | 0.57 | 0.23 |
| | 不可抗力风险 | 0.15 | 0.41 | 0.85 | 0.59 | 0.26 |
| | 项目运营收入不足 | 0.11 | 0.35 | 0.89 | 0.65 | 0.24 |

表6.8中可以看到：第一，由于"再谈判"发生在项目生命周期的执行阶段，负责项目经营管理的社会资本方掌握更多项目信息，属于信息优势方，其利用强势地位向政府部门转移了部分风险，而当政府部门先出价时，其自身承担的风险比例会相对更低，因此，在项目风险分担"再谈判"过程中，

政府部门应该争取先出价，以改善自身承担的风险比例。第二，"项目运营收入不足"这一风险因素从风险类别来看，属于"经营管理风险"，在"初次谈判"阶段，"经营管理风险"是由社会资本方单独承担，即承担份额为100%，政府部门承担的份额为0，而"再谈判"阶段，社会资本方先出价时，政府部门实际承担风险比例为46%，政府部门先出价时，其实际承担风险比例为35%。依据"承担的风险与所获得的回报相匹配"的原则，政府部门应获得相应回报。于是，政府部门与社会资本方在初次谈判所达成的特许权协议中所规定的责权利将发生改变，合作的性质、融资模式均发生改变。

如果政府不接受风险的再分配方案，项目将被迫终止，从利益相关方角度看：项目未能实现社会资本方期望的收益，以及未能实现政府期望的物有所值，依据本书第2章第2.1.6节中的关于项目失败的界定，该项目失败。

如果政府接受风险再分配方案，政府的角色将发生转变，由项目监督者转变为项目经营管理者。"增加政府部门在项目中的参与程度，使政府部门能够与社会资本方共同分担项目经营管理风险，并获得相应回报"，这正好符合狭义 PPP 模式的本质特征。因此，对于前述"再谈判"的风险分担结果，只有通过融资模式的转换才能实现，可以说，融资模式转换是"再谈判"的调解机制。①

除了运用讨价还价博弈模型对"增加项目运营收入"方案进行定量分析，本书还通过实地调研、文献研究等对博弈分析结果的可行性进行论证。

## 6.5.4 依据实地调研对讨价还价博弈结果的论证

目前需要实施的项目方案是"增加项目运营收入"。实地调研发现，导致 WK 高速公路运营收入不足的原因主要是：第一，收入来源单一，主要是通行过路费获得收益，没有充分利用高速公路周边相关资源；第二，通行车辆少，收入不足，这主要是由于过路费偏高和存在竞争性的二级公路导致的。在实地调研中发现，WK 高速公路附近的这条二级公路总体路况较好。

---

① 模式转换引起的利益相关方责、权、利的变更详细内容见第4章第4.4.3节。

依据实地调研及文献研究，得出增加项目运营收入可以采取以下措施：

第一，增加 WK 高速公路周边的商业开发，弥补公路自身收益不足的问题。例如，北京地铁 4 号线 PPP 项目，是地铁票款加站内商业经营收入的形式获得投资收益；重庆涪陵至丰都高速公路 PPP 项目，项目投资人通过车辆通行费、项目沿线规定区域内服务设施经营及项目沿线规定区域内的广告经营获得投资收益。学者朱云华（2012）对云南省高速公路沿线经营开发进行相关研究与探讨，在其研究中提到，"十一五"期间，云南省高速公路沿线服务区、广告等开发共创造了将近上亿元的收入以及开发思路。因此，增加"高速公路周边商业开发"的措施具有可行性。

第二，WK 高速公路两旁都是村庄，整条高速公路设置有 5 个出口，分别可以进入富民、禄劝、罗免、禄金、易门等地区，这些区县自然环境好，深入贯穿于各个村庄的主要道路就是老二级公路，交通便利。可以在这些村庄规划打造农家乐、生态园等休闲娱乐场所，这样就能将威胁转化为机会，借助老二级公路的交通优势及当地自然资源充分发展休闲旅游，不仅可以增加项目总体收入来源，而且借助休闲旅游可以吸引更多车辆通过 WK 高速公路，形成相互促进的良性循环机制。记者田潇波等在昆明日报中刊登了题为"富民全力打造 WK 高速 30 公里'景中路'美在眼前"的文章，该文对将全长 30.58 公里的 WK 高速富民段打造成为"绿色走廊"的可行性、意义及构想做了清晰的阐述，可以作为参考（田潇波等，2014）。

第三，在实地调查中发现，为了节省过路费，很多大型车辆都选择走老二级公路。如果通过前面"商业开发"与"休闲旅游"两项措施有效增加了项目收益，则可以考虑适当降低过路费，引导或者规定大型车辆走 WK 高速公路，附近居民及广大公众将能从中受益，这其实也将有助于增加项目收入。

但是，进行商业开发、打造休闲娱乐项目、对大型车辆进行引导，这些问题都涉及国有资产的使用、政策法规的制定，而社会资本方明显不具备这样的实力。因此，要增加项目运营收入，仅依靠 TOT 模式下的项目公司是无法开展的。而且，当社会资本方通过这些国有资产使用权、经营权使自己获利的同时，还要对其实施监督、保障社会公众的利益。这些问题的解决都需要政府部门的介入，政府需要更大程度地参与到项目中。这与前面定量分析得出的结论"政府分担经营管理风险由 TOT 模式下的 0% 转变为狭义 PPP 模式下的 35% 或 46%"相同。

因此，不论是运用讨价还价博弈模型进行分析还是根据实地调研，项目的持续经营都需要政府部门更多参与，而政府部门参与程度不同直接影响项目融资模式的选择（详见本书第 2 章第 2.1.2.5 节 TOT 与 PPP 比较）。

## 6.6　本 章 小 结

本章以集成融资模式运行机制为基础，从博弈的视角，将集成融资模式三维模型中的空间维（利益相关者）、时间维（项目生命周期）、逻辑维（项目风险管控）之间的集成关系看作不完全信息动态博弈问题。通过讨价还价博弈模型的构建及求解，识别出不同情况下的风险范围，是融资模式转换的重要依据，同时提出建议：政府与社会资本在每一次博弈中应该根据自身谈判地位，尽可能争取有利于自己出价顺序。通过结合 WK 高速公路相关数据进行分析，可以看出政府部门与社会资本方之间随着项目生命周期的发展，经历合作初期的"初次谈判"与合作过程中的"再谈判"，各自风险分担、利益分配的动态演变，各参与方目标的协调，最终达到新的均衡，实现项目目标。

# 第 7 章

# 结论与展望

## 7.1 研究结论

公私合作模式在我国得到大力推广，不仅因为它是一种有效的融资方式，更因为它能提高政府管理整个社会资源的效率。将公私合作模式正确运用于基础设施项目，不仅可以推动项目所在地基础设施的快速发展，同时还为社会资本创造了新的投资渠道，实现公共部门和社会投资者的双赢，对我国社会经济的发展、人民生活水平的提高具有重要意义。

公私合作项目融资模式中的 TOT 模式，主要应用于已建成项目，由于免去了项目建设阶段，大大降低了投资者的风险，因此受到投资者青睐，对盘活我国现有存量基础设施也具有重要意义。通过检索大量的文献可知，许多国内外的学者从理论和实践的角度已经对 TOT 模式多个方面进行了研究，成果丰硕。然而，这些研究更多是以单一的 TOT 模式为对象展开，从综合集成的角度对 TOT 模式进行探讨的较少。

在面对错综复杂、不断变化的内外部环境时，传统单一的 TOT 模式由于缺乏弹性常常有些力不从心，甚至导致项目失败，造成巨大损失。因此，本书以增强环境适应性和抗风险能力为出发点，以项目生命周期理论、综合集成理论等为理论基础提出 TOT 项目集成融资模式。TOT 项目集成融资模式是在传统 TOT 模式中引入狭义 PPP 模式，通过融资模式的集成，实现了项目各要素的集成管理，从而达到项目融资风险动态化管理，项目综合效益最大的目的。本书通过研究得出以下结论：

（1）构建 TOT 项目集成融资模式存在必要性和可行性。就必要性而言，我国经过多年的城市建设，城市在发展过程中积累了大量的存量资产，存量资产存在着经济效益差、管理效率低、资金占用时间长、占用数额大等问题，亟须进行资产盘活和运作，以存量换增量，促进资金的良性循环。TOT 项目集成融资模式对于改善在融资方式、技术水平以及管理模式上存在弊端的传统基础设施的运营现状，具有重要意义。但目前 TOT 模式理论方面存在不足，没有针对项目生命周期各阶段实际进行风险管控、利益相关者之间的关系缺乏动态治理，导致实践中项目运行不顺利，有必要进行改进。就可行性而言，TOT 项目集成融资模式具有良好的理论基础，目前在我国也具备了一定的法律政策基础，基础设施项目本身也具备稳定的投资收益，这些都为 TOT 项目集成融资模式的实施创造良好条件。

（2）TOT 项目集成融资模式弥补了目前 TOT 模式实践中存在的不足。本书第 1 章第 1.2 节对目前 TOT 模式存在的问题进行剖析，研究发现：目前 TOT 模式对项目性质的转变缺乏应对机制、缺乏针对合约不完全性特征的应对机制、缺乏集成管理，从而导致在实践问题重重。本书提出的集成融资模式通过多模式、多维度、多要素的集成管理，实现全寿命周期风险动态管控、利益相关方动态治理，运行机制中包含的再谈判流程为利益相关方矛盾的化解提供依据，使目标更加协调。理论的完善弥补了 TOT 模式的不足，改善实践中存在的问题。

（3）本书通过四个关键问题的论证，即第 3 章、第 4 章、第 5 章、第 6 章，清晰阐明了书中提出的科学问题。第 3 章是对集成融资模式的内涵及理论框架进行阐述；第 4 章则运用霍尔三维模型分析集成融资模式进行项目多要素集成管理的内在原理；第 5 章运用 ZOPP 路径找到项目运行中的关键影响因素，这个因素是集成融资模式运作重要线索；第 6 章则运用讨价还价博弈模型对项目风险边界的识别及控制进行研究，从风险边界的改变、原有平衡关系的打破，揭示融资模式变更的必要性及重要意义。四个关键问题从总体到部分、从定性到定量、从抽象到具体全方位论证本书所提出的科学问题——构建基于 ZOPP 的 TOT 项目集成融资模式。

（4）本书通过案例研究，对 TOT 项目集成融资模式空间维、时间维、逻辑维之间的相互关系进行论证，对项目关键影响因素的分析路径进行演示，并验证了博弈模型定量分析得出的结果，为集成融资模式的实践提供借鉴，案例研究中发现的问题可以为进一步研究奠定基础。

## 7.2 研究评价

本书提出的 TOT 项目集成融资模式是一种知识领域或思想领域的综合集成，通过这种集成可以产生新知识、新思想和新方法。与传统 TOT 模式相比，TOT 项目集成融资模式更加突出以下实践意义：

（1）增加了维持现有合作关系的可能性。尽管政府与社会投资者就项目合作签订了特许权合同，其中对双方的权利、义务及风险承担问题都进行过明确界定，但是，项目总是处于一个不断变化的环境当中，而人却是有限理性的，对于这些变化及其对项目可能带来的影响在一开始双方都不可能全面掌握。随着项目进度的推移，资源的大量投入，一个看起来细小的变化都可能会对项目造成致命一击。如何管理好这些难以预料的不确定性因素决定了政府与社会资本双方是否能够继续合作。因此，针对这些项目中意料之外的事件，应该运用什么措施进行解决，这关系到基础设施项目能否成功完成。本书提出的 TOT 项目集成融资模式，其中一个关键的作用就是能够通过模式的变化来调整项目合作双方的关系、权利和义务，当然，双方所承担的风险也随之发生改变，这无疑为公司双方合作关系的维持增加了成功的可能性。

（2）有助于扩大合作对象范围。在传统 TOT 模式下，公私双方的合作意愿与各自的资源条件是基础设施项目能实现合作的重要条件。实践中，有一些社会投资者有意愿参与到基础设施项目中，但自身资金实力、管理水平、企业规模等达不到 TOT 融资模式的合作要求而只能放弃。这样，合作的范围就缩小了，可以合作的对象与可以吸收的投资也相应骤减，非常不利于公私合作模式的推广。采用 TOT 项目集成融资模式时，该模式所具有的适应性和灵活性降低了对投资者合作能力稳定性的要求，使合作对象范围得到扩大。总之，该创新模式能有效提升合作意愿，有利于政府选择合作伙伴，促进公私合作模式的发展。

（3）有助于扩展可合作的项目范围。对于传统 TOT 模式，其适用的项目范围是有一定限制的，它只适合纯经营性项目和部分准经营性项目，这对项目本身及其面临的环境都提出较高的要求，使得能够运用 TOT 模式的项目范围大大缩小。创新模式下，由于模式的可转换性，降低了对项目特点的严格限制，就使得可合作的项目范围和领域得以扩大。

（4）有助于促进法律法规的不断完善。任何项目融资模式的建立和发展都有赖于完善的相关法律、法规、合同管理等。而 TOT 项目集成融资模式是由传统单一的公私合作模式综合集成得来，在这种情况下，不仅要处理好单一模式的问题，还要应对模式集成、转换过程中的问题，这就需要更加完善、系统、利于操作的政策法规与制度，如果这样的体系能够建立，将为公私合作伙伴关系的建设和相关项目的开展奠定坚实的基础。

## 7.3 研 究 展 望

通过对项目融资模式中各组成要素和影响因素的分析，研究融资模式怎样与现实情况相结合，提出具有良好环境适应性和实用性的创新型融资模式——TOT 项目集成融资模式，是对现有理论的有益补充，有利于为开展同类问题的后续研究奠定基础。然而，研究中只是提出了一种理论上的框架和应用思路，对很多细节的方面没有进行展开。例如：在不同融资模式下项目公司中各方持股比例；除政府与社会资本方外其他项目利益相关方（如金融机构、咨询公司、供应商等）风险分担、利益分配的问题等等。因此，对于该创新模式还可以进行更深层次、更加广泛的研究与论证，以对其进行完善，能更好地应用于实践。

# 附 录

## 调查问卷1　WK 高速公路社会效益评价指标赋值表

尊敬的专家、学者：

您好！本研究以 WK 高速公路为案例进行分析。为了得出 WK 高速公路社会效益各评价指标的权重，请您对表1至表4中评价指标的相对重要性赋值。非常感谢您能从百忙之中抽出时间完成下列内容。

请您按 1~9 比例标度对重要性程度赋值。

标度1：表示 $i$ 因素和 $j$ 因素重要度相同。

标度3：表示 $i$ 因素比 $j$ 因素略微重要。

标度5：表示 $i$ 因素比 $j$ 因素较重要。

标度7：表示 $i$ 因素比 $j$ 因素非常重要。

标度9：表示 $i$ 因素比 $j$ 因素绝对重要。

标度2、标度4、标度6、标度8：表示 $i$ 因素与 $j$ 因素重要性介于上述尺度之间。

表1　　　　　　　　　以社会效益为准则的判断矩阵

| 项目 | 居民受益 | 区域发展 | 其他社会贡献 |
|---|---|---|---|
| 居民受益 | | | |
| 区域发展 | | | |
| 其他社会贡献 | | | |

**表2** 以居民受益为准则的判断矩阵

| 项目 | 项目的受益人数 | 项目区域内群众参与项目的程度 | 项目为项目区域内提供的就业机会 | 项目对项目区域（特别是农村）妇女地位提高的贡献 |
|---|---|---|---|---|
| 项目的受益人数 | | | | |
| 项目区域内群众参与项目的程度 | | | | |
| 项目为项目区域内提供的就业机会 | | | | |
| 项目对项目区域（特别是农村）妇女地位提高的贡献 | | | | |

**表3** 以区域发展为准则的判断矩阵

| 项目 | 项目区域内的优势发掘程度 | 项目对项目区域内扶贫的贡献程度 | 项目区域管理能力提高程度 |
|---|---|---|---|
| 项目区域内的优势发掘程度 | | | |
| 项目对项目区域内扶贫的贡献程度 | | | |
| 项目区域管理能力提高程度 | | | |

**表4** 以其他社会贡献为准则的判断矩阵

| 项目 | 项目区域内"土著知识"的保护和利用程度 | 项目对区域社会稳定的贡献 | 项目为类似其他区域发展提供的经验和模式 |
|---|---|---|---|
| 项目区域内"土著知识"的保护和利用程度 | | | |
| 项目对区域社会稳定的贡献 | | | |
| 项目为类似其他区域发展提供的经验和模式 | | | |

# 调查问卷 2　WK 高速公路风险因素赋值表

尊敬的专家、学者：

您好！本研究以 WK 高速公路为案例进行分析。为了得出 WK 高速公路各风险因素占总风险的权重，请您对表 1 至表 4 中风险因素的相对重要性赋值。非常感谢您能从百忙之中抽出时间完成下列内容。

请您按 1~9 比例标度对重要性程度赋值。

标度 1：表示 $i$ 因素和 $j$ 因素重要度相同。

标度 3：表示 $i$ 因素比 $j$ 因素略微重要。

标度 5：表示 $i$ 因素比 $j$ 因素较重要。

标度 7：表示 $i$ 因素比 $j$ 因素非常重要。

标度 9：表示 $i$ 因素比 $j$ 因素绝对重要。

标度 2、标度 4、标度 6、标度 8：表示 $i$ 因素与 $j$ 因素重要性介于上述尺度之间。

表 1　　　　　　　　　以项目运营发展为准则的判断矩阵

| 项目 | 政府信用问题 B1 | 项目合同方面 B2 | 公众权益问题 B3 |
|---|---|---|---|
| 政府信用问题 B1 | | | |
| 项目合同方面 B2 | | | |
| 公众权益问题 B3 | | | |

表 2　　　　　　　　　以政府信用问题为准则的判断矩阵

| 项目 | 政府政策 C1 | 法律问题 C2 |
|---|---|---|
| 政府政策 C1 | | |
| 法律问题 C2 | | |

表3 以项目合同方面问题为准则的判断矩阵

| 项目 | 市场方面 D1 | 项目运营 管理 D2 | 项目维护 D3 | 金融因素 D4 | 项目融资 方面 D5 | 风险管控 方面 D6 |
|---|---|---|---|---|---|---|
| 市场方面 D1 | | | | | | |
| 项目运营管理 D2 | | | | | | |
| 项目维护 D3 | | | | | | |
| 金融因素 D4 | | | | | | |
| 项目融资方面 D5 | | | | | | |
| 风险管控方面 D6 | | | | | | |

表4 以公众权益为准则的判断矩阵

| 项目 | 项目参与各方信息不对称 E1 | 生态环境 E2 |
|---|---|---|
| 项目参与各方信息不对称 E1 | | |
| 生态环境 E2 | | |

# 调查问卷 3 WK 高速公路关键风险因素赋值表

尊敬的专家、学者：

您好！本研究以 WK 高速公路为案例进行分析。为了得出 WK 高速公路各风险因素中最关键的因素，在第一次赋值的基础上，选出比较重要的两个风险因素进一步分析。请您对表 1 至表 3 中风险因素的相对重要性赋值。非常感谢您能从百忙之中抽出时间完成下列内容。

请您按 1~9 比例标度对重要性程度赋值。

标度 1：表示 $i$ 因素和 $j$ 因素重要度相同。

标度 3：表示 $i$ 因素比 $j$ 因素略微重要。

标度 5：表示 $i$ 因素比 $j$ 因素较重要。

标度 7：表示 $i$ 因素比 $j$ 因素非常重要。

标度 9：表示 $i$ 因素比 $j$ 因素绝对重要。

标度 2、标度 4、标度 6、标度 8：表示 $i$ 因素与 $j$ 因素重要性介于上述尺度之间。

表 1　　　　　　　　　以项目运营发展为准则的判断矩阵

| 项目 | 法律方面 | 市场方面 |
|---|---|---|
| 法律方面 | | |
| 市场方面 | | |

表 2　　　　　　　　　以法律方面为准则的判断矩阵

| 项目 | 法律法规不完善 | 出现争议缺少相关解决办法 | 缺乏有效的针对国内民间融资的立法 | 缺乏适用于特许协议的国家级法律 | 法律法规发生变更 | 税率变更 |
|---|---|---|---|---|---|---|
| 法律法规不完善 | | | | | | |
| 出现争议缺少相关解决办法 | | | | | | |
| 缺乏有效的针对国内民间融资的立法 | | | | | | |
| 缺乏适用于特许协议的国家级法律 | | | | | | |
| 法律法规发生变更 | | | | | | |
| 税率变更 | | | | | | |

表 3　　　　　　　　　以市场方面为准则的判断矩阵

| 项目 | 项目收益不足 | 通行车流量小 | 项目收入来源单一 | 存在竞争性项目 | 市场需求发生变化 | 经济效益受制约 |
|---|---|---|---|---|---|---|
| 项目收益不足 | | | | | | |
| 通行车流量小 | | | | | | |
| 项目收入来源单一 | | | | | | |
| 存在竞争性项目 | | | | | | |

续表

| 项目 | 项目收益不足 | 通行车流量小 | 项目收入来源单一 | 存在竞争性项目 | 市场需求发生变化 | 经济效益受制约 |
|---|---|---|---|---|---|---|
| 市场需求发生变化 | | | | | | |
| 经济效益受制约 | | | | | | |

## 调查问卷 4　讨价还价博弈模型中风险初次分配的参数取值表

尊敬的专家、学者：

您好！本研究以 WK 高速公路为案例进行分析。通过这次问卷调查，想要了解集成融资模式下 WK 高速公路进行风险初次分担讨价还价博弈模型中 4 个重要参数的取值。

在此对您给予本次调查的支持表示衷心感谢！

讨价还价博弈模型中的 4 个重要参数及其含义如表 1 所示。

表 1　　　　　　　　　　　　　参数及其含义

| 参数 | 含义 |
|---|---|
| $p'$ | 不完全信息条件下，政府会借助强势地位向社会资本方转移风险的概率 |
| $k'$ | 政府利用强势地位向社会资本方转移的风险比例（$0 \leqslant k \leqslant 1$） |
| $\xi'_1$ | 政府在讨价还价过程中的谈判损耗系数 |
| $\xi'_2$ | 社会资本方在讨价还价过程中的谈判损耗系数 |

由于在讨价还价过程中，参与双方在谈判过程中会产生成本消耗，如时间成本、信息获取成本、机会成本等，所以谈判进行的时间越长、轮次越多，双方承担的损失也会越大，$\xi'_i > 1$，量化赋值范围为 $1 < \xi'_i < 2$。

根据前期调查及分析，WK 高速公路集成融资项目中需要政府和社会资本方共同承担的风险有：法律与信用风险、金融风险、不可抗力风险。请各位专家对各风险因素的相关参数赋值，如表 2 所示。

表2                          相关参数赋值

| 风险因素 | 讨价还价博弈相关参数 | | | |
|---|---|---|---|---|
| | $p$ | $\xi_1'$ | $\xi_2'$ | $k$ |
| 法律与信用风险 | | | | |
| 金融风险 | | | | |
| 不可抗力风险 | | | | |

## 调查问卷5　讨价还价博弈模型中风险再分配的参数取值表

尊敬的专家、学者：

您好！本研究以 WK 高速公路为案例进行分析。通过这次问卷调查，想要了解集成融资模式下 WK 高速公路进行风险再次分担讨价还价博弈模型中 4 个重要参数的取值。

在此对于您给予本次调查的支持表示衷心感谢！

讨价还价博弈模型中的 4 个重要参数及其含义如表 1 所示。

表1                          参数及其含义

| 参数 | 含义 |
|---|---|
| $p'$ | 不完全信息条件下，政府会借助强势地位向社会资本方转移风险的概率 |
| $k'$ | 政府利用强势地位向社会资本方转移的风险份额（$0 \leq k \leq 1$） |
| $\xi_1'$ | 政府在讨价还价过程中的谈判损耗系数 |
| $\xi_2'$ | 社会资本方在讨价还价过程中的谈判损耗系数 |

由于在讨价还价过程中，参与双方在谈判过程中会产生成本消耗，如时间成本、信息获取成本、机会成本等，所以谈判进行的时间越长、轮次越多，双方承担的损失也会越大，$\xi_i' > 1$，量化赋值范围为 $1 < \xi_i' < 2$。

根据前期调查及分析，WK 高速公路集成融资项目中需要政府和社会资本方共同承担的风险有：法律与信用风险、金融风险、不可抗力风险、项目运营收入不足。请各位专家对各风险因素的相关参数赋值，如表 2 所示。

表 2                                    相关参数赋值

| 风险因素 | 讨价还价博弈相关参数 | | | |
|---|---|---|---|---|
| | $p'$ | $\xi_1'$ | $\xi_2'$ | $k'$ |
| 法律与信用风险 | | | | |
| 金融风险 | | | | |
| 不可抗力风险 | | | | |
| 项目运营收入不足 | | | | |

# 参考文献

［1］E. S. 萨瓦斯 . 民营化与公私部门的伙伴关系［M］. 北京：中国人民大学出版社，2002：254 – 258.

［2］财政部 . 关于推进政府和社会资本合作规范发展的实施意见［EB/OL］. 中央政府门户网站，http：//www. gov. cn/xinwen/2019 – 03/10/content_5372559. htm，2019 – 03 – 10.

［3］财政部 . 关于推广运用政府和社会资本合作模式有关问题的通知［EB/OL］. 中央政府门户网站，http：//www. gov. cn/zhengce/2016 – 05/25/content_5076557. htm，2016 – 05 – 25.

［4］曹俊峰 . 基于合作博弈的 TOT 模式高速公路经营权转让定价方法研究［D］. 长沙：长沙理工大学，2014.

［5］陈辉 . PPP 模式手册［M］. 北京：知识产权出版社，2015.

［6］陈基鹏，夏小茜 . 浅析建设工程项目的风险动态管理［J］. 工程科技，2017（27）：169 – 170.

［7］褚耀光 . TOT 模式在渝涪高速公路项目融资中的应用研究［D］. 重庆：重庆大学，2008.

［8］戴颖喆，彭林君 . 城市生活污水处理厂 TOT 模式实践研究——以江西 78 家污水处理厂为例［J］. 山东社会科学，2015（5）：243 – 245.

［9］邓秋菊 . TOT 模式公路经营权转让的博弈分析［J］. 管理世界，2015（2）：65 – 67.

[10] 冯逢，张瑞青. 公用事业项目融资及其路径选择——基于 BOT、TOT、PPP 模式之比较分析 [J]. 软科学，2005 (6)：52 – 55.

[11] 冯宁宁. TOT 模式在我国铁路项目融资中的应用 [J]. 铁道经济研究，2006 (5)：42 – 46.

[12] 付洁，肖本林. 大型建设项目风险动态管理的组织模式 [J]. 研究价值工程，2016 (7)：56 – 58.

[13] 郭菊先，高向平，柏文喜. 项目融资中项目经营权的性质及其转换探讨 [J]. 科技进步与对策，2003 (10)：163 – 164.

[14] 国家发展改革委. 关于鼓励民间资本参与政府和社会资本合作（PPP）项目的指导意见 [EB/OL]. 国家发展和改革委员会网站，https：//www. ndrc. gov. cn/xxgk/zcfb/tz/201711/t20171130 _ 962610 _ ext. html，2017 – 11 – 30.

[15] 国家发展改革委. 关于加快运用 PPP 模式盘活基础设施存量资产有关工作的通知 [EB/OL]. 中央政府门户网站，http：//www. gov. cn/xin-wen/2017 – 07/07/content_5208644. htm，2017 – 07 – 07.

[16] 国家发展改革委. 关于推进传统基础设施领域政府和社会资本合作（PPP）项目资产证券化相关工作的通知 [EB/OL]. 国家发展和改革委员会网站，https：//www. ndrc. gov. cn/fggz/gdzctz/tzfg/201612/t20161226_1197626. html，2016 – 12 – 26.

[17] 国家发展改革委. 关于推进开发性金融支持政府和社会资本合作有关工作的通知 [EB/OL]. 中央政府门户网站，http：//www. gov. cn/zhengce/2016 – 05/22/content_5075600. htm，2016 – 05 – 22.

[18] 国务院办公厅. 关于进一步激发民间有效投资活力促进经济持续健康发展的指导意见 [EB/OL]. 中央政府门户网站，http：//www. gov. cn/zhengce/content/2017 – 09/15/content_5225395. htm，2017 – 09 – 15.

[19] 韩彦平. TOT 项目风险管理研究 [D]. 天津：河北工业大学，2010.

[20] 侯丽，王松江. 基于模糊故障树的 TOT 水电站项目风险研究 [J]. 项目管理技术，2012 (5)：52 – 57.

[21] 胡李鹏，樊纲，徐建国. 中国基础设施存量的再测算 [J]. 经济研究，

2016（8）：172 – 186.

［22］黄程远，陈倩倩，蒋明轩. 地方高职院校新校区基建采用 TOT 模式的财务评价模型探讨 ［J］. 价值工程，2017（12）：90 – 92.

［23］简迎辉，孙洁. 基于实物期权法的 TOT 水电项目定价研究 ［J］. 武汉理工大学学报（信息与管理工程版），2015（10）：493 – 496.

［24］焦媛媛，付轼辉，沈志锋. 全生命周期视角下 PPP 项目利益相关者关系网络动态分析 ［J］. 项目管理技术，2016（8）：32 – 37.

［25］李力. 基于 ZOPP 方法的中小水电优化项目问题研究 ［J］. 昆明理工大学学报（社会科学版），2013（4）：81 – 87.

［26］李献国. 中国基础设施投资的经济增长效应研究 ［D］. 大连：东北财经大学，2017.

［27］刘芳. 项目利益相关方的动态治理关系研究 ［D］. 济南：山东大学，2012.

［28］刘晗. TOT 项目的损耗风险规避方法探讨 ［J］. 边疆经济与文化，2005（8）：50 – 51.

［29］刘俊业. 工程项目多要素绩效评价模型与方法研究 ［D］. 天津：南开大学，2012.

［30］鲁夏琼. BOT-BT-TOT 集成融资模式运营体系研究 ［D］. 昆明：昆明理工大学，2011.

［31］罗航. 故障树分析的若干关键问题研究 ［D］. 成都：电子科技大学，2010.

［32］马丽，王松江，韩德宝. 经营性公共基础设施项目融资系统模式研究 ［J］. 生产力研究，2010（12）：116 – 118.

［33］马丽. 经营性公共基础设施项目 TOT 融资集成管理研究 ［D］. 昆明：昆明理工大学，2011.

［34］彭程. 城市快速公交系统 BOT-BT-TOT 集成融资创新模式研究 ［D］. 昆明：昆明理工大学，2012.

［35］彭运芳. 投资项目决策分析不可忽视社会效益评价 ［J］. 科技与管理，2003（6）：88 – 90.

[36] 亓霞，柯永建，王守清. 基于案例的中国 PPP 项目的主要风险因素分析 [J]. 中国软科学，2009（5）：107-113.

[37] 祁剑锋. 公路 TOT 项目融资问题研究 [D]. 天津：天津大学，2007.

[38] 邵哲，张桂梅. 国有林场改革运用 TOT 模式研究 [J]. 林业经济，2012（1）：65-67.

[39] 沈静. 基于 ZOPP 的公共基础设施 PPP 项目融资对策研究 [D]. 昆明：昆明理工大学，2015.

[40] 孙荣霞. 基础设施 BOT-TOT-PPP 集成融资模式的研究 [D]. 昆明：昆明理工大学，2010.

[41] 田潇波，莫衍，邹腊. 富民打造武昆高速30公里"景中路"美在眼前 [N]. 昆明日报，2014-04-08（第1版）.

[42] 王明男. 基于讨价还价模型的公路工程 PPP 项目风险分担研究 [D]. 重庆：重庆交通大学，2018.

[43] 王松江，王敏正. 云南省公共基础设施领域 TOT 项目方式运用研究 [J]. 经济问题探索，2003（7）：6-8.

[44] 王松江. 经营性公共基础设施 TOT 项目融资管理 [M]. 北京：科学出版社，2011.

[45] 王松江. 项目管理 [M]. 昆明：云南科技出版社，2016.

[46] 王艳伟，王松江，潘发余. BOT-TOT-PPP 项目综合集成融资模式研究 [J]. 科技与管理，2009（1）：44-49.

[47] 王则柯，李杰. 博弈论教程 [M]. 北京：中国人民大学出版社，2017.

[48] 徐可，何立华. PPP 模式中 BT、BOT 与 TOT 的比较分析——基于模式结构、风险分担、所有权三个视角 [J]. 工程经济，2016（1）：61-64.

[49] 许聪，丁小明. 基于 SNA 的 PPP 项目利益相关者网络角色动态性分析 [J]. 项目管理技术，2014（9）：24-29.

[50] 杨佩佩. 公路建设项目社会效益评价研究 [D]. 西安：长安大学，2008.

[51] 杨文宇. 基础设施 PPP 项目的全生命周期动态风险管理探析 [J]. 项目管理技术，2010（6）：39-43.

［52］ 杨洋，赵映超，马有才. 基于霍尔三维结构的项目风险动态管理研究［J］. 科技管理研究，2010（13）：280－282.

［53］ 姚芳虹，郑青慧. TOT-BOT 模式应用于体育场馆建设的可行性分析——以冰雪场馆为例［J］. 经贸实践，2017（5）：268－269.

［54］ 叶敏. 风电建设项目经济评价及社会效益评价研究［D］. 北京：华北电力大学，2008.

［55］ 叶晓甦，周春燕. PPP 项目动态集成化风险管理模式构建研究［J］. 科技管理研究，2010（3）：129－132.

［56］ 尤荻. TOT 项目系统复杂性分析与复杂性集成管理研究［J］. 项目管理技术，2010（12）：83－86.

［57］ 尤荻. 公共基础设施 BOT-TOT-PPP 集成融资模式的运用研究［D］. 昆明：昆明理工大学，2008.

［58］ 游佳莉，张宏，吴维邮. 基于动态联盟的 PPP 项目利益相关者管理研究［J］. 工程管理学报，2017（8）：46－51.

［59］ 张经阳，王松江. 基于 ZOPP 方法的煤炭资源开发项目安全生产管理研究［J］. 生产力研究，2010（6）：107－109.

［60］ 张曼，屠梅曾，王为人. 大型项目融资风险动态管理方法［J］. 系统工程理论方法应用，2004（2）：63－68.

［61］ 张莹，杜建国. 环保融资的现状分析及 TOT 模式探讨［J］. 现代管理科学，2006（8）：101－102.

［62］ 赵国富，王守清. 基础设施 BOT/PPP 项目的社会效益评价［N］. 中华建筑报，2007.2（第 6 版）.

［63］ 赵国来. 浅析 TOT 项目运行程序［J］. 石油石化物资采购，2009（11）：89－91.

［64］ 朱建军. 层次分析法的若干问题研究与运用［D］. 沈阳：东北大学，2005.

［65］ 朱云华. 浅谈云南高速公路沿线经营开发对策研究［J］. 现代商业，2012（7）：188.

［66］ Aragones-Beltran P, Garcia-Melon M, Montesinos-Valera J. How to assess stakeholders' influence in project management? A proposal based on the Analytic Network Process [J]. International Journal of Project Management, 2017 (35): 451 - 462.

[67] Ashuri B, Mostaan K. State of private financing in development of highway projects in the United States [J]. Journal of Management in Engineering, 2015 (8): 78 - 83.

[68] Beritelli P, Boksberger P E, Weinert R. An integrated concept of financing hallmark sport events [J]. Tourism Review, 2004 (2): 78 - 85.

[69] Burke R, Demirag I. Risk transfer and stakeholder relationships in public private partnerships [J]. Accounting Forum, 2017 (41): 28 - 43.

[70] Chege L W, Rwelamila P D. Private financing of construction projects and procurement systems: An integrated approach [J]. CIB World Building Congress, 2001 (33): 1 - 9.

[71] Chirkunova E K, Kireeva E E, Kornilova A D, Pschenichnikova J S. Research of instruments for financing of innovation and investment construction projects [J]. Procedia Engineering, 2016 (8): 112 - 117.

[72] Chung K S K, Crawford L. The role of social networks theory and methodology for project stakeholder management [J]. Procedia-Social and Behavioral Sciences, 2016 (6): 226 - 232.

[73] Daube D, Vollrath S, Alfen H W. A comparison of project finance and the forfeiting model as financing forms for PPP projects in Germany [J]. International Journal of Project Management, 2007 (4): 376 - 387.

[74] Heinen J T, Rayamajhi S. Commentary: On the use of goal-oriented project planning for protected area management in Nepal [J]. Environmental Practice, 2001 (3): 227 - 236.

[75] Johansen A, Eik-Andresen P, Ekambaram A. Stakeholder benefit assessment-project success through management of stakeholders [J]. Procedia-Social and Behavioral Sciences, 2014 (3): 581 - 590.

[76] Kabir M, Hassan M K. An integrated poverty alleviation model combining

Zakat, Awqaf and micro-finance [R]. Selangor, Malaysia: Zakat and Waqf Economy, 2010.

[77] Keers B M, Van Fenema P C. Managing risks in public-private partnership formation projects [J]. International Journal of Project Management, 2018 (36): 861 – 875.

[78] Khameneh A-H, Taheri A, Ershadi M. Offering a framework for evaluating the performance of project risk management system [J]. Procedia-Social and Behavioral Sciences, 2016 (226): 82 – 90.

[79] Laishram B S, Kalidindi S. Desirability rating analysis for debt financing of public-private partnership road projects [J]. Construction Management and Economics, 2009 (9): 823 – 837.

[80] Lieberman H, Espinosa J. A goal-oriented interface to consumer electronics using planning and commonsense reasoning [J]. Knowledge-Based Systems, 2007 (20): 592 – 606.

[81] Lu Z, et al. Social impact project finance: An innovative and sustainable infrastructure financing framework [J]. Procedia Engineering, 2015 (10): 300 – 307.

[82] Muriana C, Vizzini G. Project risk management: A deterministic quantitative technique for assessment and mitigation [J]. International Journal of Project Management, 2017 (35): 320 – 340.

[83] Patil N A, Laishram B S. Sustainability of Indian PPP procurement process [J]. Built Environment Project and Asset Management, 2016 (5): 121 – 128.

[84] SaifulIslam M, et al. Current research trends and application areas of fuzzy and hybrid methods to the risk assessment of construction projects [J]. Advanced Engineering Informatics, 2017 (33): 112 – 131.

[85] Sarantis D, Charalabidis Y, Askounis D. A goal oriented and knowledge based e-government project management platform [C]. IEEE Computer Society. HICSS'10 Proceedings of the 2010 43rd Hawaii International Conference

on System Sciences, Washington, 2010: 1 – 13.

[86] Sastoque L M, Arboleda C A, Ponz J L. A proposal for risk allocation in social infrastructure projects applying PPP in Colombia [J]. Procedia Engineering, 2016 (145): 1354 – 1361.

[87] Shrestha A, Chan T K, Aibinu A A, Chen C. Efficient risk transfer in PPP wastewater treatment projects [J]. Utilities Policy, 2017 (48): 132 – 140.

[88] Trepel M. Evaluation of the implementation of a goal-oriented peatland rehabilitation plan [J]. Ecological Engineering, 2007 (30): 167 – 175.

[89] Xu Y, et al. Developing a risk assessment model for PPP projects in China—A fuzzy synthetic evaluation approach [J]. Automation in Construction, 2010 (19): 929 – 943.

[90] Zayed T M, Chang L M. Prototype model for BOT risk [J]. Journal of Management in Engineering, 2000 (1): 11 – 16.